KB259925

통합무량수경

(統合無量壽經)

통합무량수경

(統合無量壽經)

國譯 李極樂(이극락)

맑은소리
맑은나라

알리는 말씀

1. 통합무량수경의 원문은 하련거 거사께서 회집하신 (불설대승무량수장엄청정평등각경)입니다.

2. (불설대승무량수장엄청정평등각경)이란 현존하는 5종의 무량수경을 회집한 경전으로서, 현존하는 5종의 무량수경은 다음과 같습니다.

무량청정평등각경	(지루가참 번역)
불설제불아미타삼야삼불살루불단과도인도경	(지겸 번역)
무량수경	(강승개 번역)
무량수여래회	(보리류지 번역)
불설대승무량수장엄경	(법현 번역)

‘무량청정평등각경’ ‘불설제불아미타삼야삼불살루불단과도인도경’ ‘무량수경’ ‘무량수여래회’ ‘불설대승무량수장엄경’ 이 5종의 무량수경을 회집한 경전이 『통합무량수경』이다.

이 『통합무량수경』의 서문을 눈여겨보면 "미래 세상에 경전의 가르침이 사라진다 해도 나는 자비심으로 중생들을 가엾이 여겨 특별히 이 무량수경만은 100년을 더 세상에 머물게 할 것이다."라는 마지막 문장에서 방점이 찍힌다.
아미타불 염불행자 이극락 님은 48품의 내용들을 통해 극락에 왕생하는 단호한 예측과 복과 지혜, 큰 이익을 얻을 수 있다는 명백한 사실을 담담히, 따뜻하게 풀어내고 있다.

8년의 시간을 무량수경을 독송, 연구하고 그 결과물을 함께 읽고, 일체가 유익할 노정을 찾아 출간으로 발을 내디딘 이극락 님이야말로 이 말법시대가 요구하는 인물이 분명하다.

한 사람의 불교인이 어떤 마음을 내고 그 먹은 마음을 어떻게 회향하는가를 우리는 숱하게 보며 확인할 기회가 있었다. 그렇듯 이극락 님이 금번에 출간하는 본 『통합무량수경』에서는 한글로 만나는 앞쪽 지면과 한문 원본으로 만나는 뒤쪽 지면을 접할 수 있는데, 이는 5종의 무량수경을 낱낱이 독송하고 해부한 역해자의 친절함도 함께 묻어난다.

48품 가운데 7품에서는 부처님께서 아난에게 하신 말씀을 만날 수 있다.

'나는 세상을 뛰어 넘는 서원을 세워 반드시 위없는 도에 이르겠습니다. 이 서원 성취하지 못하면 결코 부처가 되지 않겠습니다.

또한 큰 시주 되어서 가난하고 고통 받는 중생들 구제할 것이고, 저 모든 중생들이 오랜 시간동안 근심과 고뇌가 없게 할 것이며, 갖가지 선근 자라나게 해서 보리과를 성취하도록 해주겠습니다.

내 이름을 아미타라 할 것이고, 중생들이 내 이름을 듣기만 해도 내 불국토에 태어나서 부처님과 같은 금색 몸과 묘한 상호를 모두 얻도록 해주겠습니다.(이하 중략) ' 라는 구절은 부처님의 말씀이되, 역해자 이극락 님의 마음이며 중생들의 온갖 괴로움을 말끔히 씻어 줄 세심洗心의 대목이다. 그로 인해 책을 독송하는 누구에게라도 무량공덕이 기다리고 있을게 분명하다. 그리하여 극락세계의 즐거움도 알게 되고, 나아가 큰 이익을 얻을 수 있지 않겠는가.

이극락 님은 가장 수승한 공덕을 지어놓은 셈이다. 수명과 즐거움이 끝이 없기에 번역을 마친 그도, 이 소중한 경을 독송하는 이도 모두 극락세계의 즐거움을 누리게 될 것이다.

그럼에도 이극락 님은 서문에서 앞서 무량수경을 번역하신 스님들께 먼저 공을 돌리고 있다. 거기에 불보살님의 가피가 있었기에 가능했음을 정중히 밝히고 있다. 그의 내면을 볼 수 있는 단면이다.

무릇 10여 년 전, 도암 스님의 『유쾌하고 풍성한 정토 세상 회집본 무량수경』을 발간했던 일이 공덕으로 꽃을 피웠나 보다. 그 유려한 꽃으로 인해 여기까지 이른 것만 같다. 다시 『통합무량수경』을 발행하게 되는 인연공덕에 두 손 모아 경배를 올린다.

불기 2570(2026)년 새해 원단

맑은소리맑은나라 대표 김윤희

서문

감사의 말씀

1. 앞서 무량수경을 번역하셨던 거룩한 스님들께서 계시지 않았다면 이 번역서는 세상에 나오지 못했을 것입니다.

   경전번역이라는 길고 긴 고뇌속에서도 번역불사를 훌륭히 마치신 모든 스님들께 깊은 존경과 감사의 말씀을 올립니다.

2. 불보살님들의 가피가 없었다면 이 번역은 단 하루도 지속되지 못했을 것입니다.

   번역을 해나갈수록 불보살님들과 호법신장님들의 가피 덕분에 이 일이 진행되고 있음을 여러번 느끼게 되었습니다. 그 어떤 말과 행동과 마음으로도 갚을 수 없는 이 크신 은혜, 감사하고 감사하며 또 감사합니다.

3. 통합무량수경의 한 말씀으로 짧은 서문을 마무리 할까 합니다.

   當來之世 經道滅盡 我以慈悲哀愍 特留此經 止住百歲

"미래 세상에 경전의 가르침이 사라진다 해도 나는 자비심으로 중생들을 가엾이 여겨 특별히 이 무량수경만은 100년을 더 세상에 머물게 할 것이다"

감사합니다.

나무아미타불
나무아미타불
나무아미타불

- 아미타불 염불행자 이극락 -

차례

차례

통합무량수경
統合無量壽經

1품

법회에 참가한 성스러운 대중들

이와 같이 나는 들었다. 어느 때 부처님께서는 왕사성 기사굴산에서 큰 비구스님 1만2천 명과 함께 머물러 계셨다. 이 큰 비구스님들 모두가 신통을 이미 통달한 대성인들로서, 그 이름은 교진여존자·사리불존자·대목건련존자·가섭존자·아난존자 등이었고, 이들 모두가 상수 제자들이었다. 또한 보현보살·문수사리보살·미륵보살 그리고 현겁중의 모든 보살들도 모두 와서 모여있었다.

2품

많은 보살들이
보현보살의 덕을 본받아서 수행하다

또 현호보살을 포함한 16보살인, 선사유보살 · 혜변재보살 · 관무주보살 · 신통화보살 · 광영보살 · 보당보살 · 지상보살 · 적근보살 · 신혜보살 · 원혜보살 · 향상보살 · 보영보살 · 중주보살 · 제행보살 · 해탈보살이 있있고, 이들이 상수보살이었다.

이 보살들 모두가 보현보살의 덕을 본받아서 수행했고, 한없는 수행과 서원을 갖추었으며, 모든 공덕의 법에 편안히 머물러 있었다. 이 보살들은 시방세계를 다니면서 묘한 방편으로 중생들을 제도하였고, 불법을 깊이 깨달아 있었으며, 무량한 세계에서 등정각 성취하기를 발원하였다. 이 보살들이 도솔천을 버리고 왕궁에 내려왔고, 다시 왕위를 버리고 출가해서 고행하며 도를 배웠는데, 이런 모습을 나타낸 것은 이 보살들이 세상의 인연을 따랐기 때문이다. 하지만 선정과 지혜의 힘으로 마왕과 원수를 항복시키고, 미묘한 법을 얻어서 최고의 깨달음을 성취한다. 천인들이 우러러 귀의하며 법을 설해줄 것을 청하자 항상 법음으로 온 세상을 일깨워준다. 이 보살들은 중생들이 지니고 있는 번뇌의 성을 부수고, 탐욕의 구덩이를 허물며, 중생들이 처음부터 지니고 있던 청정한 자성을 깨끗이 드러내 준다. 또한 중생들을 조복시키고,

미묘한 이치를 펼치며, 중생들이 공덕을 쌓고 복을 지을수 있도록 해준다. 그리고 온갖 불법의 약으로 중생들의 괴로움을 치료해준다. 중생들을 관정의 지위에 올려서 보리의 수기를 주고, 보살들을 가르치기 위해 아사리가 되며, 항상 중생들을 가르쳐서 불법과 하나가 되게 하고, 보살들의 선근을 성숙시켜주니 모든 부처님들께서도 다 함께 이 보살들을 보호해주신다. 이 보살들은 어느 불국토에서도 이런 모습을 나타낼 수가 있는데, 그것은 마치 뛰어난 마술사가 그 어떤 모습으로든 변신이 가능하지만 반드시 실제의 모습이 필요하지는 않은 것처럼, 이 보살들도 그와 같아서 모든 불국토에서 자유자재로 모습을 나타낼 수 있다. 또한 모든 법에 통달해서 중생들의 성품을 잘 알고 있으며, 모든 부처님들께 공양을 올릴 때나 중생들을 제도할 때는 번갯불처럼 빠르게 몸을 움직인다.

삿된 견해의 그물을 찢어 버리고, 모든 번뇌의 속박에서 벗어나며, 성문·연각의 수준을 초월해서 공삼매·무상삼매·무원삼매를 성취한다. 하지만 중생들을 제도하기 위한 방편으로 삼승의 가르침을 보여주고, 이중에 성문과 연각을 위해서는 멸도의 모습을 보이기도 한다. 이 보살들은 생겨나지도 않고 멸하지도 않는 모든 삼매와 모든 다라니를 얻고, 수시로 화엄삼매에 들어가며, 총지와 백천가지 삼매를 갖추고 있다. 깊은 선정에 들어가서 모든 불국토를 다니며 무량한 모든 부처님들 친견하기를 오직 한 생각 안에 다 해낸다.

또한 부처님의 변재를 얻고, 보현행을 실천하며, 중생들의 언어에 통달한 채로 법의 진실한 모습을 보여주면서 중생들을 제도한다. 세간의 모든 법을 뛰어넘어서 마음은 항상 해탈의 경지에 머물러 있고, 세상 모든 것에 대해서도 자유자재하다. 그리고 스스로 찾아가서 중생들의 친절한 벗이 되어주고, 여래의 깊고 깊은 법을 소중히 간직하며, 중생들이 지닌 부처님의 성품을 잘 보호해서 항상 끊어지지 않도록 한다. 대비심을 일으켜서 중생들을 가엾이 여기고, 자비로운 말씀으로 법의 눈을 뜨게 해주며, 삼악도의 길을 막고 좋은 문을 열어준다.

모든 중생들을 내몸처럼 보살피고, 그들의 무거운 짐을 대신 짊어져 주며, 마침내 모두를 피안으로 인도해준다.

이 보살들이 모든 부처님들의 무량한 공덕을 모두 얻어서 그 지혜는 성스럽고, 밝으며, 불가사의하였다.

이와 같이 셀 수도 없는 수많은 모든 보살들이 일시에 와서 모여 있었다. 또한 비구니 5백명 · 청신사 7천명 · 청신녀 5백명 그리고 욕계와 색계를 포함한 모든 천상의 청정한 수행자들도 다 함께 모여 있었다.

3품

무량수경이 설해진 인연

그때 부처님의 불가사의한 광명은 마치 녹아있는 황금 덩어리처럼 찬란히 빛났고, 또 밝은 거울에 모든 것이 환하게 비치는 것처럼 큰 광명이 수천 수백가지로 변화하면서 나타났다. 아난존자가 스스로 생각하길 '오늘 부처님께서는 온몸에 기쁨이 넘치시고, 모습은 청정하시며, 빛나는 얼굴은 거룩하시다. 또한 이 국토는 참으로 아름답다. 예전부터 지금까지 이런 모습을 한 번도 본적이 없다'

아난은 기쁜 마음으로 세존을 우러러보자 희유한 마음이 생겼다.

그래서 곧바로 자리에서 일어나 오른쪽 어깨를 드러내고 무릎을 꿇어 합장하며 부처님께 여쭈었다.

"오늘 부처님께서는 대적정에 드셔서 특별한 법에 머무르시고, 모든 부처님들께서도 머무신다는 중생들을 바른 길로 인도해주시는 도사의 행에 머무르시며, 가장 수승한 도에 머물러 계십니다.

과거 · 현재 · 미래의 부처님들께서는 서로를 생각한다고 하시는데, 오늘 부처님께서도 과거와 미래의 부처님들을 생각하고 계십니까? 아니면 현재 다른 불국토에 계신 모든 부처님들을 생각하고 계십니까? 무엇 때문에 부처님에게서 불가사의하고, 상서로우며, 대단히 미묘한 광명이 빛나고 있는지 부디 말씀해 주옵소서"

그러자 부처님께서 아난에게 말씀하셨다.

"참으로 착하구나! 그대는 모든 중생들을 가엾이 여기고, 또 그들에게 이익과 즐거움을 주기 위해서 이렇게 미묘한 질문을 하는구나. 그대가 지금 한 이 질문은 1천하의 아라한과 벽지불에게 공양하는 공덕보다도 수승하고, 모든 천인과 사람들은 물론 기거나 날거나 꿈틀거리는 벌레들에게까지 누겁 동안 보시하는 공덕보다도 백천만 배나 더 수승하다. 왜냐하면, 미래의 모든 천인과 사람들 그리고 모든 중생들이 모두 그대의 질문으로 해탈을 얻게 되기 때문이다. 아난아, 여래는 다함이 없는 대자비심과 삼계를 가엾이 여기는 마음으로 세상에 나와서 진리의 가르침을 널치 펼치고, 중생들을 구제하며, 그들에게 참된 이익을 베풀어 준다. 부처님께서 계시는 세상에 태어나기 어렵고, 직접 뵙는 것은 더욱 어려운데, 그것은 마치 3000년 만에 한 번씩 피는 우담바라꽃을 만나는 것과 같이 어렵다. 그대가 지금 한 질문은 중생들에게 큰 이익을 주게 될 것이다.

아난아, 마땅히 알아야 한다. 여래가 깨달아서 얻는 그 지혜는 무한하고 걸림이 없다는 것을. 또한 여래는 단 한번의 짧은 생각속에서도 무량 억겁의 시간을 머물수 있고, 그러면서도 몸과 육근은 늘어나지도 줄어들지도 않는다는 것을. 왜냐하면, 여래의 선정과 지혜는 끝이없고, 모든 법에서 가장 수승한 자재를 얻었기 때문이다.

아난아, 명심해서 듣고 잘 생각하라. 내가 그대를 위해 상세하게 설명하리라."

법장비구의 발심

부처님께서 아난에게 말씀하셨다.

"헤아릴 수도 없는 아득히 먼 옛날에 한 부처님께서 세상에 나오셨는데, 이름이 세간자재왕여래·응공·등정각·명행족·선서·세간해·무상사·조어장부·천인사·불·세존이셨다. 그 부처님께서 42겁 동안 세상에 머물러 계시면서 모든 천인과 세상 사람들을 위해 경전을 설하시고 불법을 강의해주셨다. 그때 큰 나라의 왕이 있었는데, 이름이 세요왕이었다. 그는 부처님의 설법을 듣고 환희심을 일으켰고, 법문을 잘 이해했으며, 위없이 바르고 참된 도에 마음을 내었다. 그래서 나라와 왕위를 버리고 출가해서 사문이 되었고, 이름을 법장이라고 하였으며, 보살도를 닦았다. 그의 재주와 용맹과 명석함은 세상에서 유달리 뛰어났고, 믿음·이해력·기억력도 모두 다 최고였다.

또한 수승한 수행과 서원 그리고 염력과 혜력을 지니고 있었고, 또 그 마음을 발전시키고 견고하게 하며 흔들리지 않게 했기 때문에 그의 수행과 정진을 뛰어넘는 사람이 없었다. 법장비구는 세간자재왕부처님의 처소에 가서 머리를 조아려 예배드리고, 무릎을 꿇고 부처님을 향해 합장하며 게송으로 부처님을 찬탄하였다.

그리고 광대한 서원을 일으켰고, 그 서원을 게송으로 말하였다.”

여래의 미묘한 모습 단정하고 엄숙하여
세상의 그 누구와도 비교할 수 없습니다.
부처님의 광명 무량하여 시방세계를 비추니
해 · 달 · 불 · 구슬은 모두 그 빛을 잃어버립니다.

부처님께서는 하나의 언어로 연설하시지만
중생들은 모두 자신들의 언어로 이해하게 하십니다.
또한 하나의 미묘한 몸 나타내시지만
중생들의 근기대로 보게 하십니다.

부처님의 청정한 음성 얻어서
나의 법 음성 또한 온 세상에 널리 전해지길 원하고,
계율 · 선정 · 정진의 법문을 선양하길 원하며,
매우 깊고 미묘한 법문에 통달하길 원합니다.

지혜는 바다처럼 광대하고 깊어지길 원하고,
마음은 세상 번뇌 모두 끊고 청정해지길 원합니다.
끝없는 악취의 문 뛰어넘어
깨달음의 저 언덕에 빨리 가길 원하고,
무명 · 탐욕 · 성냄 모두 다 영원히 없어지길 원하며,
의심과 허물도 다 없어져 삼매의 힘 얻길 원합니다.

또한 과거의 무량한 부처님들과 같이
저 모든 중생들에게 대도사가 되어서
생로병사의 온갖 괴로움으로부터
모든 세상 구제할 수 있기를 원합니다.

보시 · 지계 · 인욕 · 정진 · 선정 · 지혜의
육바라밀을 언제나 실천하고,
아직 제도받지 못한 중생들은 제도해주며,
이미 제도받은 중생들은 성불하게 해주겠습니다.

갠지스강의 모래처럼 많은
성인들께 공양올리는 것이
깨달음을 향해 굳세고 용맹하게
나아가는 것보다는 못합니다.

삼매에 편안히 머물러서
항상 광명으로 온 세상을 비춰줄 것이고,
서원을 성취해서 얻은 광대하고 청정한 그 국토를
가장 수승하고 장엄한 불국토로 만들겠습니다.

윤회하는 모든 부류의 중생들이

나의 국토에 빨리 와서 안락함을 얻게 할 것이고,

항상 자비로운 마음으로 중생들을 구할 것이며,

끝도 없는 괴로움에 빠진 중생들 모두 제도하겠습니다.

내가 세운 견고한 서원의 힘은

오직 부처님의 거룩한 지혜로만 아실 수 있습니다.

설령 이 몸이 온갖 고통에 빠진다 해도

내가 세운 이 서원에서 영원히 뒤로 물러나지 않겠습니다.

5품

법장비구의 지극한 정진

법장비구는 이 게송을 설하고 나서 세간자재왕부처님께 말씀드렸다.

"저는 지금 보살도를 행하고 있고, 이미 무상정각의 마음을 내었습니다. 제가 서원을 성취해서 부처가 되면, 저의 모든 것이 부처님과 같아지도록 하옵소서. 원하옵나니 저에게 경법을 자세히 말씀해 주옵소서. 저는 부처님의 가르침을 받들어 지닐것이고, 가르쳐주신대로 실천할 것입니다. 그러니 저로 하여금 모든 생사고난의 뿌리를 뽑아서 빨리 무상정각을 성취할 수 있게 하여주옵소서. 제가 부처가 되면 저의 지혜ㆍ광명ㆍ거주하는 국토ㆍ저의 이름이 모두 시방세계에 알려지게 되고, 모든 천인과 사람들을 비롯한 기거나 꿈틀거리는 벌레들 까지도 저의 국토에 와서 태어나면 모두 다 보살이 되게 하여주옵소서. 제가 세운 이 서원이 무수히 많은 모든 부처님들의 국토 보다도 수승한데, 그럼에도 이 서원을 성취할 수가 있겠습니까?"

세간자재왕부처님께서 곧바로 법장비구에게 경전의 말씀으로 대답을 해주셨다.

"비유하자면 아무리 넓은 바다라 해도 수없는 세월동안 바닷물 퍼내기를 계속한다면 마침내 바닥이 드러날 수 있는것처럼, 사람이 지극한 마음으로 정진하며 도 구하기를 멈추지 않는다면 당연히 최고의 결과를 얻을 수가 있는데, 하물며 어떤 서원인들 성취하지 못하겠는가? 어떤 방법으로 닦아야 불국토를 건설할 수 있는지 그대 스스로 사유해보라. 어떻게 수행해야 하는지도 그대가 알아내야 하고, 청정한 불국토를 건설하는 것도 그대가 해야한다."

법장비구가 부처님께 말씀드렸다.
"그와 같은 뜻은 너무도 크고 깊어서 제가 알 수 있는 수준이 아니옵니다. 오직 원하옵나니 여래·응공·정변지께서는 모든 부처님들의 무량하고 미묘한 불국토에 대해서 자세히 말씀해 주옵소서.
제가 그것을 들으면 그와 같이 사유하고 수행해서 서원을 원만히 성취하겠습니다."
세간자재왕부처님께서는 법장비구의 뜻이 고결하고, 원력이 깊고 광대하다는 것을 아시고 곧바로 법장비구를 위해 210억 모든 불국토의 공덕·장엄·청정·광대·원만한 모습에 대해서 자세히 말씀해주셨고, 또 법장비구가 바라는 대로 모두 다 나타내 보여주셨다. 부처님께서 이 법을 설해주시는데 1000억 년의 시간이 흘렀다. 그때 법장비구는 부처님의 말씀을 듣고, 또 모든 불국토의 모습을 보고나서 위없이 수승한 서원을 세우게 되었다. 그리고 그곳 중생들의 선과 악, 각 국토의 장·단점에 대해서 철저히 사유하고 그 마음을 집중해서 원하던 것을 선택했고, 마침내 48가지 서원을 결정하였다. 그 48가지 서원을 참으로 부지런히 구하고 찾은 다음 공경하며 조심하였고, 보호하면서 지켜나갔다. 이렇게 공덕을 닦는데 5겁의 시간이 흘렀다. 저 21구지 불국토의 공덕을 장엄하는 일을 마치 단 하나의 불국토를 장엄하는 것처럼 철저하게 하였다. 그 결과 법장비구가 건설하게 될 불국토가 모든 불국토를 뛰어넘게 되었다. 모든 수행을 성취한 법장비구는 다시 세간자재왕부처님의 처소에 가서 부처님의 발에 머리를 조아려 예배드리고, 부처님을 세 번 돌고나서 합장하며 말씀드렸다.

"저는 불국토를 건설할 청정한 수행을 이미 성취하였습니다."

부처님께서 말씀하셨다.

"훌륭하다! 지금이야말로 정말 좋은 때다. 그대가 성취한 수행의 결과를 모든 대중들에게 알려서 그들을 기쁘게 하라. 또한 대중들이 그 법을 듣고 크고 훌륭한 이익을 얻을 수 있도록 해야하고, 그대의 불국토에서 잘 수행해서 무량한 큰 서원을 성취할 수 있도록 해주어야한다."

6품

법장비구의 위대한 48원

법장비구가 세간자재왕부처님께 말씀드렸다.

"부디 세존이시여, 대자비로 저의 서원을 듣고 살펴주옵소서. 제가 만약 무상보리를 증득하고 부처가 되면, 거주하는 불국토는 무량하고 불가사의한 공덕과 장엄을 갖추게 될 것입니다."

1. 내 불국토에는 지옥·아귀·짐승·기거나 날거나 꿈틀거리는 벌레들이 없을 것입니다.
   만약 그렇지 못하다면, 부처가 되지 않겠습니다.

2. 모든 중생들은 물론이고 지옥을 포함한 삼악도의 중생들까지도 내 불국토에 태어나서 법의 교화를 받으면, 모두 아뇩다라삼먁삼보리를 성취해서 다시는 악도에 떨어지지 않게 될 것입니다.
   만약 그렇지 못하다면, 부처가 되지 않겠습니다.

3. 내 불국토에 태어나는 중생들은 모두 자마진금 색의 신체를 갖추게 될 것입니다.

만약 그렇지 못하다면, 부처가 되지 않겠습니다.

4. 내 불국토에 태어나는 중생들은 32종의 대장부상을 갖추게 될 것입니다.

만약 그렇지 못하다면, 부처가 되지 않겠습니다.

5. 내 불국토에 태어나는 중생들은 모습이 단정하고 정결하며, 모두 같은 모습을 하고 있어서 아름답고 추한 사람의 구별이 없을 것입니다.

만약 그렇지 못하다면, 부처가 되지 않겠습니다.

6. 내 불국토에 태어나는 중생들은 숙명통을 얻어서 무량겁 동안 지은 선업과 악업을 저절로 알게 될 것입니다.

만약 그렇지 못하다면, 부처가 되지 않겠습니다.

7. 내 불국토에 태어나는 중생들은 천안통을 얻어서 시방세계 과거·미래·현재의 모든 것들을 꿰뚫어 볼 수 있을 것입니다.

만약 그렇지 못하다면, 부처가 되지 않겠습니다.

8. 내 불국토에 태어나는 중생들은 천이통을 얻어서 시방세계 과거·미래·현재의 모든 것들을 정확하게 들을 수 있을 것입니다.

만약 그렇지 못하다면, 부처가 되지 않겠습니다.

9. 내 불국토에 태어나는 중생들은 모두 타심통을 얻어서 백천억타유

타 불국토에 있는 중생들의 마음을 모두 알게 될 것입니다.

만약 그렇지 못하다면, 부처가 되지 않겠습니다.

10. 내 불국토에 태어나는 중생들은 모두 신족통을 얻게 될 것입니다.

만약 그렇지 못하다면, 부처가 되지 않겠습니다.

11. 내 불국토에 태어나는 중생들은 한 생각 일어나는 그 짧은 시간에
도 백천억나유타 불국토를 다니면서 모든 부처님들께 공양을 올릴
수 있을 것입니다.

만약 그렇지 못하다면, 부처가 되지 않겠습니다.

12. 내 불국토에 태어나는 중생들은 분별을 멀리 떠나서 육근이 고요
해질 것이고, 반드시 등정각을 성취해서 대열반을 증득하게 될 것
입니다.

만약 그렇지 못하다면, 부처가 되지 않겠습니다.

13. 내 광명은 끝이 없어서 시방세계 전체를 비출 것이고, 다른 모든 부
처님들의 광명보다 훨씬 수승할 것이며, 해나 달의 광명보다도 천
만억 배는 더 밝게 빛날 것입니다.

만약 그렇지 못하다면, 부처가 되지 않겠습니다.

14. 어떤 중생이라도 내 광명을 보거나 내 광명이 그의 몸에 닿으면 안
락함을 느끼게 되고, 자비로운 마음으로 선행을 하게 되며, 마침내

내 불국토에 왕생하게 될 것입니다.

만약 그렇지 못하다면, 부처가 되지 않겠습니다.

15. 내 수명은 끝이 없을 것입니다. 그리고 내 불국토에 있는 성문과 천
인들은 수 없이 많을 것이고, 그들의 수명 또한 모두 끝이 없을 것
입니다.

만약 그렇지 못하다면, 부처가 되지 않겠습니다.

16. 삼천대천세계의 중생들이 모두 연각이 되어서 백천겁 동안 내 불
국토에 있는 성문과 천인들의 수를 다 함께 세어도, 다 세지 못할
것입니다.

만약 그렇지 못하다면, 부처가 되지 않겠습니다.

17. 시방세계의 무량한 불국토에 계시는 무수한 모든 부처님들께서 다
함께 나의 이름을 찬탄하실 것이고, 내 공덕과 내 불국토의 장점에
대해서 말씀하실 것입니다.

만약 그렇지 못하다면, 부처가 되지 않겠습니다.

18. 시방세계의 어떤 중생이라도 내 이름을 듣고 지극한 마음으로 믿
고 좋아하면서 모든 선근을 한마음으로 회향해서 내 불국토에 태
어나길 원한다면 '나무아미타불'을 열 번만 불러도 반드시 왕생하
게 될 것입니다.

만약 그렇지 못하다면, 부처가 되지 않겠습니다.

다만, 오역죄를 지은 자와 정법을 비방한 자는 제외 될 것입니다.

19. 시방세계의 어떤 중생이라도 내 이름을 들으면 보리심을 내어 모든 공덕을 닦고, 육바라밀을 받들어 실천하며, 신심이 견고해서 물러나지 않게 될 것입니다. 또한 모든 선근을 회향해서 내 불국토에 태어나기를 원하게 될 것입니다.

만약 그렇지 못하다면, 부처가 되지 않겠습니다.

20. 시방세계의 어떤 중생이라도 한마음으로 '나무아미타불'을 불러서 밤낮으로 끊어지지 않게 한다면 그가 목숨을 마칠 때 내가 모든 보살대중들과 함께 그 사람 앞에 가서 그를 맞이하게 될 것이고, 잠깐만 지나면 그는 내 불국토에 태어나서 불퇴전보살이 될 것입니다.

만약 그렇지 못하다면, 부처가 되지 않겠습니다.

21. 시방세계의 어떤 중생이라도 내 이름을 듣고 내 불국토를 좋아하면서 보리심을 내고, 신심이 견고해서 물러나지 않으며, 온갖 공덕을 심고 지극한 마음으로 회향해서 내 불국토에 태어나길 원한다면 그 원을 모두 이루게 될 것입니다. 또한 과거에 악업을 지었다 해도 내 이름을 듣고 곧바로 참회하고, 선행을 실천하며, 경전과 계율을 받들어 지니면서 내 불국토에 태어나길 원한다면 그가 목숨이 다한 뒤 다시 삼악도에 떨어지지 않고 곧바로 내 불국토에 왕생하게 될 것입니다.

만약 그렇지 못하다면, 부처가 되지 않겠습니다.

22. 내 불국토에는 여인이 없을 것입니다.
   만약 그렇지 못하다면, 부처가 되지 않겠습니다.

23. 어떤 여인이라도 내 이름을 듣고 청정한 믿음을 얻어서 보리심을
   내는 이가 여인의 몸을 싫어하면서 내 불국토에 태어나길 원한다
   면 목숨이 다한 뒤 곧바로 남자의 몸으로 변해서 내 불국토에 오게
   될 것입니다.
   만약 그렇지 못하다면, 부처가 되지 않겠습니다.

24. 시방세계의 어떤 중생이라도 내 불국토에 태어나면 모두 칠보연못
   의 연꽃 속에 화생으로 태어나게 될 것입니다.
   만약 그렇지 못하다면, 부처가 되지 않겠습니다.

25. 시방세계의 어떤 중생이라도 내 이름을 듣고 기쁜 마음으로 믿으
   면서 좋아하고, 예배하고 귀의하며, 청정한 마음으로 보살행을 닦
   으면 모든 천인과 사람들의 공경을 받게 될 것입니다.
   만약 그렇지 못하다면, 부처가 되지 않겠습니다.

26. 시방세계의 어떤 중생이라도 내 이름을 들으면 목숨이 다한 뒤에
   는 존귀한 집에 태어날 것이고, 육근에 결함이 없게 될 것입니다.
   만약 그렇지 못하다면, 부처가 되지 않겠습니다.

27. 시방세계의 어떤 중생이라도 내 이름을 들으면 목숨이 다한 뒤에
도 항상 청정한 수행을 하게 될 것입니다.
만약 그렇지 못하다면, 부처가 되지 않겠습니다.

28. 내 불국토에는 나쁜 단어 조차도 없게 될 것입니다.
만약 그렇지 못하다면, 부처가 되지 않겠습니다.

29. 내 불국토에 태어나는 중생들은 모두 같은 마음을 지닌 채로 정정
취에 머물게 될 것입니다.
만약 그렇지 못하다면, 부처가 되지 않겠습니다.

30. 내 불국토에 태어나는 중생들은 영원히 번뇌를 떠나게 되고, 마음
은 청정해지며, 누리는 즐거움은 마치 번뇌가 모두 없어진 스님과
같을 것입니다.
만약 그렇지 못하다면, 부처가 되지 않겠습니다.

31. 내 불국토에 태어나는 중생들은 망상을 일으키거나 자신에게 집착
하지 않게 될 것입니다.
만약 그렇지 못하다면, 부처가 되지 않겠습니다.

32. 내 불국토에 태어나는 중생들은 선근이 무량할 것이고, 모두 금강
나라연과 같은 튼튼한 몸을 얻게 될 것입니다.
만약 그렇지 못하다면, 부처가 되지 않겠습니다.

33. 내 불국토에 태어나는 중생들은 모두 몸과 정수리에서 광명이 밝
    게 빛날 것이고, 모든 지혜를 성취할 것이며, 걸림없는 말솜씨를 얻
    게 될 것입니다.
    만약 그렇지 못하다면, 부처가 되지 않겠습니다.

34. 내 불국토에 태어나는 중생들은 모든 법의 핵심을 잘 말할 수 있고,
    경전을 연설하고 가르침을 실천할 수 있으며, 그 목소리가 종소리
    처럼 멀리까지 들리게 될 것입니다.
    만약 그렇지 못하다면, 부처가 되지 않겠습니다.

35. 내 불국토에 태어나는 중생들은 다음 생에는 부처가 되는 일생보
    처에 반드시 이르게 될 것입니다.
    만약 그렇지 못하다면, 부처가 되지 않겠습니다.

36. 다만, 중생들을 위해 큰 서원을 세우고 모든 중생들을 교화해서 그
    들로 하여금 모두 신심을 일으키게 하거나, 보리행을 닦고 보현행
    을 실천하는 중생들은 일생보처에서 제외 될 것입니다.
    그들이 비록 다른 세계에 태어날지라도 악도를 영원히 떠나게 될
    것이고, 설법하기와 법문 듣기를 좋아할 것이며, 신족통을 나타내
    기도 할 것입니다.
    또한 그들이 원하는 대로 수행해서 모든 것을 원만히 성취하게 될
    것입니다.
    만약 그렇지 못하다면, 부처가 되지 않겠습니다.

37. 내 불국토에 태어나는 중생들은 음식·옷·갖가지 공양거리 등, 그
어떤 것이라도 원하는 대로 모두 얻게 될 것입니다.
만약 그렇지 못하다면, 부처가 되지 않겠습니다.

38. 내 불국토에 태어나는 중생들이 공양 올리려고 할때는, 시방 모든
부처님들께서 그 중생들을 갸륵하게 여기셔서 그 공양을 받아주시
게 될 것입니다.
만약 그렇지 못하다면, 부처가 되지 않겠습니다.

39. 내 불국토에 있는 모든 것들은 정결하고 찬란히 빛날 것이며, 모습
이 뛰어나고 지극히 아름다워서 상상조차 할 수 없을 것입니다.
비록 모든 중생들이 천안통을 얻었다고 해도 내 불국토에 있는 모
든 것들의 모습·광명·이름·수를 모두 설명해낼 수 없을 것입니
다.
만약 그렇지 못하다면, 부처가 되지 않겠습니다.

40. 내 불국토에 있는 무량한 빛의 보배나무는 높이가 백천 유순이고,
도량에 있는 보배나무는 높이가 400만리가 될 것입니다. 내 불국토
에 있는 선근이 가장 작은 보살들도 보배나무의 공덕과 장엄을 깨
달아 알게 될 것입니다.
만약 그렇지 못하다면, 부처가 되지 않겠습니다.

41. 내 불국토에 태어나는 중생들이 모든 청정한 불국토의 모습을 보

길 원하면, 마치 밝은 거울로 자신의 얼굴을 보는것과 같이 보배나
무에 모두 나타나서 볼 수 있을 것입니다.
만약 그렇지 못하다면, 부처가 되지 않겠습니다.

42. 내 불국토는 광대하고, 청정하며, 마치 거울과 같이 밝게 빛나서 시
방의 무량무수하고 불가사의한 모든 불국토를 환하게 비추게 될 것
입니다. 중생들이 이 모습을 보면 희유하다는 생각을 하게 될 것입
니다.
만약 그렇지 못하다면, 부처가 되지 않겠습니다.

43. 내 불국토의 땅에서부터 허공 사이에 있는 궁전·누각·연못·흐
르는 물·꽃·나무와 같은 모든 것들은 모두 수없이 많은 보배와
향으로 이루어질 것입니다. 그 향기는 시방세계에 널리 퍼질 것이
고, 중생들이 그 향기를 맡으면 모두 부처님의 행을 닦게 될 것입니
다.
만약 그렇지 못하다면, 부처가 되지 않겠습니다.

44. 시방세계의 어떤 보살이라도 내 이름을 들으면 모두 다 청정삼매·
해탈삼매·보등삼매·모든 깊은 총지를 얻게 될 것입니다. 또한
삼매에 머무르면서 성불하게 될 것입니다.
만약 그렇지 못하다면, 부처가 되지 않겠습니다.

45. 시방세계의 어떤 보살이라도 내 이름을 들으면 삼매 속에서 무량

무변한 모든 부처님들께 항상 공양을 올리면서도 삼매를 잃지 않게 될 것입니다.

만약 그렇지 못하다면, 부처가 되지 않겠습니다.

46. 시방세계의 어떤 보살이라도 내 이름을 들으면 생사를 떠나는 법을 증득하고, 다라니를 얻게 될 것입니다.

만약 그렇지 못하다면, 부처가 되지 않겠습니다.

47. 시방세계의 어떤 보살이라도 내 이름을 들으면 청정하고 기쁜 마음을 얻어서 평등심에 머무를 것이고, 보살행을 실천해서 선근공덕을 갖추게 될 것이며, 음향인·유순인·무생법인을 얻게 될 것입니다.

만약 그렇지 못하다면, 부처가 되지 않겠습니다.

48. 시방세계의 어떤 보살이라도 내 이름을 들으면 모든 불법에서 불퇴전의 단계에 들어가게 될 것입니다.

만약 그렇지 못하다면, 부처가 되지 않겠습니다.

7품

반드시 부처가 되어
중생들 제도하리라 다짐하다

부처님께서 아난에게 말씀하셨다.

"그때 법장비구는 이 서원을 말하고 나서 게송으로 한번 더 서원을 밝혔다"

나는 세상을 뛰어 넘는 서원을 세워
반드시 위없는 도에 이르겠습니다.
이 서원 성취하지 못하면
결코 부처가 되지 않겠습니다.

또한 큰 시주 되어서
가난하고 고통받는 중생들 구제할 것이고,
저 모든 중생들이 오랜 시간동안
근심과 고뇌가 없게 할 것이며,
갖가지 선근 자라나게 해서
보리과를 성취하도록 해주겠습니다.

내가 만약 부처가 되면

내 이름을 아미타라 할 것이고,

중생들이 내 이름을 듣기만 해도

내 불국토에 태어나서

부처님과 같은 금색 몸과 묘한 상호를

모두 얻도록 해주겠습니다.

또한 대비심을 일으켜서

모든 중생들 이롭게 할 것이고,

욕심 떠난 바른 생각을 지니게 할 것이며,

청정한 지혜로 보살행을 닦도록 해주겠습니다.

원컨대 나의 지혜 광명으로

시방세계를 널리 비추어

탐진치의 어둠 없애고,

중생들의 온갖 괴로움 말끔히 건지겠습니다.

또한 삼악도의 고통을 모두 버리게 하고,

모든 번뇌의 어둠을 소멸시키며,

중생들이 본래 지닌 지혜의 눈 열어서

광명법신을 얻도록 해주겠습니다.

모든 나쁜 길은 막고
좋은 문은 활짝 열것이며,
중생들을 위해 법의 창고 열어서
공덕의 보배를 널리 배풀겠습니다.

나는 부처님과 같은
걸림없는 지혜와 자비로운 행동으로
항상 천상과 인간의 스승이 되고,
삼계의 영웅이 되겠습니다.

사자후로 설법해서
모든 중생들 널리 제도 할 것이고,
내가 예전에 일으켰던 서원을 성취해서
모든 중생들 성불하게 해주겠습니다.

만약 이 서원 이루어지면
대천세계가 감동할 것이고,
하늘의 모든 천상 사람들도
아름다운 꽃비를 뿌려 줄것입니다.

부처님께서 아난에게 말씀하셨다.
"법장비구가 이 게송을 밝히고 나자 대천세계는 여섯 가지로 진동하였
고, 하늘에서는 아름다운 꽃비가 내려왔다.

그리고 저절로 음악이 울려퍼지면서 하늘에서 찬탄하며 말하였다.”
‘그대는 반드시 부처가 될 것이다’

무량한 공덕을 쌓아 나가다

"아난아, 법장비구는 세간자재왕부처님 앞에서 그리고 모든 천인과 대중들이 지켜보는 가운데서 이렇게 큰 서원을 세웠다. 그리고 나서 진실한 지혜에 머무르면서 용맹정진 하였고, 오로지 뛰어난 불국토를 건설하는데 집중하였다.

그가 세우려는 불국토는 한없이 넓고 크며, 다른 어떤 곳 보다도 뛰어나고, 영원히 쇠퇴하거나 변하지도 않는 세계였다. 법장비구는 무량겁 동안 덕행을 쌓으면서 탐·진·치·욕망·모든 망상을 일으키지 않았고, 색·성·향·미·촉·법에도 집착하지 않았다. 오직 과거 모든 부처님들께서 닦으셨던 선근을 좋아하면서 생각하였다.

또한 적정행을 하면서 허망한 경계를 멀리 떠났고, 진제의 문에 의지해서 온갖 선근공덕을 심었다.

법장비구는 어떤 괴로움도 견뎌 내었고, 욕심이 적고 만족할줄 알았으며, 오로지 청정한 법만을 구했고, 얻은 그 법으로 중생들을 이롭게 하였다. 그리고 자신의 서원을 이루는데도 게으르지 않았고, 인욕의 힘 또한 성취하였다. 모든 중생들에게 항상 자비로웠고, 인내하는 마음을 품었으며, 따뜻한 얼굴로 부드럽게 말하면서 권유하고 격려해주었다.

법장비구는 불법승 삼보를 공경하였고, 스승과 어른을 받들어 모셨으며, 남을 속이거나 아첨하는 마음을 가지지도 않았다. 이렇게 법장비구는 온갖 청정한 수행을 해서 중생들의 모범이 되었다.

또한 세상 모든 것은 그저 거짓된 모습으로 나타나 있다는 것을 알고 있었고, 삼매에 고요히 머물러 있었다.

말을 조심해서 타인을 비난하지 않았고, 행동을 조심해서 계율을 범하지 않았으며, 마음을 조심해서 청정할뿐 어떤 더러움에도 물들지 않았다. 모든 국가·도시·작은 마을·가족·진귀한 보배등에도 집착하지 않았다.

항상 보시·지계·인욕·정진·선정·지혜의 육바라밀을 실천하면서 중생들을 교화해서 편안하게 해주었고, 위없이 진실하고 바른 도에 머무르게 해주었다. 이 같은 모든 선근을 성취했기 때문에 그가 태어나는 곳 어디서나 무량한 보배법문이 저절로 우러나왔다. 법장비구는 장자·거사·바라문·귀족이 되기도 했고, 국왕·전륜성왕·육욕천왕·범천왕이 되기도 했다. 모든 부처님들의 처소에 가서 한 번의 끊김도 없이 존중하고 공양 올리는 이 같은 공덕을 말로는 다 할 수 없다. 그래서 그의 몸과 입에서는 항상 한없이 미묘한 향기가 흘러 나왔는데, 그것은 마치 전단향이나 우담바라꽃 향기 같았고, 그 향기는 무량한 세계에 널리 퍼졌다. 태어날 때마다 그의 모습은 단정하였고, 32상과 80종호를 모두 다 갖추고 있었다. 그리고 그의 손에서는 항상 끝도없는 장식물들이 나왔는데, 그 모든 것들이 꼭 필요한 것이고 최상의 물건이여서 중생들을 이익되게 하고 기쁘게 해주었다. 이 같은 공덕을 쌓았기 때문에 무량한 중생들로 하여금 아눅다라삼먁삼보리의 마음을 일으키게 할 수 있었다.”

9품

법장비구의 성불

부처님께서 아난에게 말씀하셨다.

"법장비구가 보살행을 닦아서 쌓은 공덕이 무량무변하였고, 모든 법에서도 자유자재함을 얻었는데, 이것은 언어로 설명할 수 있는 수준이 아니다. 그가 일으킨 서원이 원만하게 성취되었기 때문에 진여실상에 편안히 머무르면서 장엄하고, 위덕광대하며, 청정한 불국토를 건설할 수 있었다."

아난은 부처님 말씀을 듣고 부처님께 여쭈었다.

"법장보살은 깨달음을 성취하신 과거의 부처님이십니까? 미래의 부처님이십니까? 아니면 지금 현재 다른 불국토에 계시는 부처님이십니까?"

부처님께서 말씀하셨다.

"저 부처님께서는 오셔도 오신 바가 없고, 가셔도 가신 바가 없으며, 생함도 멸함도 없으시니 과거의 부처님도, 현재의 부처님도, 미래의 부처님도 아니시다. 다만 중생들을 제도하겠다고 과거에 세운 서원을 실천하시기 위해 지금은 서방에 머물러 계신다. 염부제에서 백천구지나유타 불국토를 지나면 한 세계가 있는데, 그 이름을 극락이라고 한다. 법

장비구는 성불하셔서 '아미타불'이라고 불리시고, 성불하신 지는 10
겁이 지났다.
지금 현재에도 설법을 하고 계시며, 무량무수한 보살과 성문대중들이
아미타불을 공경하며 둘러싸고 있다."

10품

모두가 아미타불처럼 되기를 발원하다

아미타불께서 보살이 셨을 때 이러한 원을 성취하셨다는 것을 석가모니부처님께서 말씀하실 때, 아사세 왕자와 500명의 대장자들은 이 말씀을 듣고 모두 크게 기뻐하였다. 그들은 각자 금으로 장식된 꽃일산을 하나씩 들고 부처님 앞으로 가서 예배를 드렸고, 그 꽃일산을 부처님께 공양 올렸다. 그리고 다시 자리로 돌아가 법문을 들으면서 '저희들이 부처가 될 때도 모두 아미타불과 같아지게 하옵소서' 라고 마음속으로 발원하였다.

석가모니부처님께서 곧바로 그들의 마음을 알아차리시고 모든 비구들에게 말씀하셨다.

"이 왕자와 500명의 대장자들은 반드시 부처가 될 것이다. 이들은 전생에 보살도에 머물렀고, 무수겁 동안 400억 부처님들께 공양을 올려왔다. 가섭불 때 이들은 나의 제자였는데, 지금도 나에게 공양하러 와서 다시 이렇게 만나고 있다."

그때 모든 비구들은 부처님 말씀을 듣고 그들을 대신해서 모두 기뻐하였다.

극락세계의 공덕과 장엄

부처님께서 아난에게 말씀하셨다.

"저 극락세계는 무량한 공덕과 장엄을 갖추고 있다. 갖가지 고통 · 모든 어려움 · 삼악도 · 장애 · 번뇌와 같은 단어 조차 영원히 없고, 사계절 · 추위 · 더위 · 비 · 어둠과 같은 기후변화도 없으며, 크고 작은 강이나 바다 · 언덕 · 구덩이 · 가시나무 · 모래 · 자갈 · 철위산 · 수미산 · 토석산 등도 없다. 오직 칠보와 황금으로 저절로 이루어진 땅이 있는데, 광대하고 평평해서 끝이 없다. 또한 극락세계는 미묘하고, 대단히 아름다우며, 청정하고 장엄해서 시방의 그 어떤 세계보다도 뛰어나다."

아난이 듣고 나서 부처님께 여쭈었다.

"극락세계에 수미산이 없다면 사천왕천과 도리천은 어느 곳에 의지해서 살고 있습니까?"

부처님께서 아난에게 말씀하셨다.

"야마천과 도솔천 그리고 색계와 무색계에 있는 모든 천상은 어느 곳에 의지해서 살고 있느냐?"

아난이 말씀드렸다.

“그들이 지은 불가사의한 업력에 의지해서 살고 있습니다.”

부처님께서 아난에게 말씀하셨다.

“불가사의한 업력을 그대가 알 수 있는가? 그대 자신의 과보가 불가사의하고, 중생들의 업보도 불가사의하며, 중생들의 선근도 불가사의하고, 모든 부처님들의 성스러운 힘과 모든 부처님들의 세계 또한 불가사의하다.

극락세계의 중생들도 자신들이 지은 공덕과 선근의 힘 때문에 극락에서 살 수 있는 것이고, 또한 아미타불의 위신력 때문에 극락에서 살 수 있는 것이다. 그래서 수미산이 없어도 아무 문제가 없다”

아난이 말씀드렸다.

“ ‘인과응보가 불가사의하다’ 라는 이 법에 대해서 저는 조금의 의심도 없습니다.

다만, 중생들의 의심을 풀어주기 위해서 여쭈어 보았습니다.”

아미타불의 광명이 가장 수승하다

부처님께서 아난에게 말씀하셨다.

"아미타불의 불가사의한 광명은 가장 존귀하고 최고라서, 시방 그 어떤 부처님들의 광명도 아미타불의 광명에는 미치지 못한다. 아미타불의 광명은 갠지스강의 모래와 같이 많은 동방의 불국토 전체를 비추고, 남방·서방·북방·사유·상방·하방 역시도 이와 같이 비춘다. 다른 부처님들의 정수리에 있는 광명은 1·2·3·4 유순을 비추기도 하고, 백천만억 유순을 비추기도 한다. 다른 부처님들의 광명은 한·두곳의 불국토를 비추기도 하고, 백천 불국토를 비추기도 한다. 오직 아미타불의 광명만이 무량·무변·무수한 불국토를 모두 다 비춘다. 다른 부처님들의 광명이 길거나 짧은 것은 그 부처님들께서 전생에 도를 구하실 때 일으켰던 서원과 공덕의 크기가 같지 않기 때문이다.

각자 부처가 되실 때 서원과 공덕의 크기 만큼 저절로 얻으신 것이지, 미리 계획해서 얻으신 것이 아니다.

아미타불의 광명은 대단히 뛰어나서 해나 달의 광명 보다도 천억만 배는 더 수승하다. 아미타불의 광명은 지극히 존귀하고, 아미타불은 모든 부처님들 중에서 왕이시다. 이런 까닭으로 아미타불을 무량광불이라고 부르고, 또한 무변광불·무애광불·무등광불이라고 부르며, 또한 지혜광불·상조광불·청정광불·환희광불·해탈광불·안은광불·초일월광불·부사의광불 이라고도 부르는 것이다. 이와 같은 광명이 시방 모든 세계를 널리 비추고 있어서 이 광명을 만나는 중생들은 탐진치가 사라지고, 착한 마음이 생겨나며, 몸과 마음이 유연해진다. 삼악도의 괴로운 곳에서도 이 광명을 보면 모두 휴식을 얻고, 수명이 다한 뒤에는 모두 해탈하게 된다.

만약 어떤 중생이라도 아미타불께서 지니신 광명의 불가사의한 공덕에 대해서 듣고 밤낮으로 찬탄하면서 지극한 마음이 끊어지지 않는다면 소원대로 극락세계에 태어나게 될 것이다.”

극락세계 대중들의 숫자와 수명은 끝이없다

부처님께서 아난에게 말씀하셨다.

"아미타불의 수명은 한없이 길어서 말로 표현할 수 없고, 셀 수도 없다. 또한 무수한 성문대중들도 신통력과 지혜가 뛰어나고 위신력이 자재로와서 손바닥위에 온 세상을 올려놓을 수도 있다. 나의 제자 중에는 대목건련의 신통력이 제일인데, 그는 삼천대천세계에 있는 모든 별들의 수와 그 별들에 있는 모든 중생들의 수를 하루 밤낮 안에 다 셀 수 있다. 가령 시방세계 중생들이 모두 연각이 되고, 그 연각들의 수명은 만억 세가 되며, 신통력은 모두 대목건련과 같아진 다음, 그들의 수명이 다하고 지혜가 다하도록 모두 다 함께 세어도 극락에 있는 성문들의 전체 숫자 천만분의 일도 다 세지 못한다. 만약 가는 털 하나를 백개로 쪼갠 다음, 먼지처럼 작아진 그 털 하나를 끝없이 깊고 넓은 바닷물에 한번 적신다면, 그 털 끝에 묻은 물과 바닷물중에서 어느것이 더 많겠느냐? 아난아, 목건련과 같은 이들이 세어서 알아낼 수 있는 수는 마치 털 끝에 묻은 물 한방울 정도이고, 알아내지 못하는 수는 큰 바닷물과 같이 많다. 아미타불의 수명과 모든 보살·성문·천인들의 수명 또한 이와 같아서 계산이나 비유로 알아낼 수 있는 것이 아니다."

보배나무가 온 불국토에 가득하다

"극락에는 여러 종류의 보배나무가 있다. 금나무·백은나무·유리나무·수정나무·호박나무·미옥나무·마노나무처럼 다른 종류의 보배가 섞이지 않고 오직 한가지 보배만으로 이루어진 보배나무가 있고, 혹은 두 가지나 세 가지에서 일곱 가지의 보배가 합해져서 이루어진 보배나무도 있다. 뿌리·줄기·가지가 이런 종류의 보배로 이루어졌으면, 꽃·잎·열매는 다른 종류의 보배로 이루어져있다. 어떤 보배나무는 뿌리는 황금, 줄기는 백은, 큰 가지는 유리, 잔 가지는 수정으로 되어있고, 잎은 호박, 꽃은 미옥, 열매는 마노로 되어있다. 그 나머지 보배나무들도 일곱 가지의 보배가 각각 뿌리·줄기·가지·잎·꽃·열매가 되어서 하나하나의 보배나무를 형성하고 있다.

각각의 보배나무는 줄을 지어서 서로 마주 보고있다. 줄기는 줄기끼리 마주 보고, 가지와 잎이 마주 보며, 꽃과 열매가 마주 보고 있다. 그 아름다운 모습과 찬란한 빛은 바라볼 수 없을 정도로 뛰어나다. 맑은 바람이 불어오면 이 보배나무에서 다섯 가지 소리가 나와서 아름다운 음악이 저절로 울려 퍼진다. 극락에는 이런 보배나무가 온 불국토에 가득하다."

15품

극락세계 도량에 있는 보리수

"또한 그 도량에는 보리수가 있는데, 높이가 4백만리이고, 뿌리의 둘레는 5천유순이며, 가지와 잎은 사방으로 20만리나 펼쳐져 있다. 그 보리수는 온갖 보배로 저절로 이루어져 있고, 꽃과 열매가 무성하며, 보리수에서 나오는 광명은 널리 빛나고 있다. 또 그 보리수에는 보배중의 보배인 홍색·녹색·청색·백색의 갖가지 마니보배가 영락으로 매달려 있고, 운취보사슬로 장식된 여러 보배기둥이 있으며, 금으로 된 구슬방울이 가지 사이에 매달려 있다. 그 위에는 진귀하고 아름다운 보배그물이 덮여 있다. 보리수에 있는 보배들은 백천만 가지 색으로 서로를 비춰주면서 무량한 광명을 끝없이 발산하고 있다. 그 모든 것들이 극락에 있는 중생들이 바라는 대로 나타난다.

부드러운 바람이 모든 나뭇가지와 잎 쪽으로 천천히 불어오면, 보리수에서 끝없이 아름다운 법의 소리가 흘러 나온다. 그 소리는 모든 불국토에 울려 퍼지는데, 맑고 간절하며, 미묘하고 우아해서 시방세계 소리 가운데 가장 뛰어나다. 만약 어떤 중생이 보리수의 모습을 보거나, 소리를 듣거나, 향기를 맡거나, 그 열매의 맛을 보거나, 그 광명이 몸에 닿거나, 보리수의 공덕을 생각하면 모두 육근이 청정해지고, 모든 괴로움이 없어지며, 성불하기 전까지 불퇴전에 머물게 된다. 또한 그 보리수를 보게 된 까닭으로 세가지 법인을 얻게 되는데, 첫째는 음향인, 둘째는 유순인, 셋째는 무생법인이다.”

부처님께서 아난에게 말씀하셨다.

“극락의 꽃·열매·나무가 모든 중생들에게 불사를 짓게 하는데, 이것은 모두 아미타불의 위신력 때문이고, 본원력 때문이며, 만족원 때문이다. 또한 아미타불의 명료원 때문이고, 견고원 때문이며, 구경원 때문이다.”

16품

극락세계의 건물과 대중들의 수행

"또한 아미타불의 강당 · 정사 · 누각 · 정자 · 난간도 모두 칠보로 저절로 이루어져 있고, 백진주와 마니보배가 그물처럼 서로 엮여져 있는데, 그 광명의 아름다움은 비할데가 없다.

모든 보살들이 살고 있는 궁전 또한 이와 같다.

그 중에는 땅에서 경전을 강의하거나 · 경전을 독송하거나 · 경전의 가르침을 받거나 · 경전을 듣는 자도 있고, 땅에서 경행을 하거나 · 도를 생각하거나 · 좌선을 하는 자도 있다. 그리고 하늘에서 경전을 강의하거나 · 경전을 독송하거나 · 경전의 가르침을 받거나 · 경전을 듣는 자도 있고, 하늘에서 경행을 하거나 · 도를 생각하거나 · 좌선을 하는 자도 있다. 혹은 수다원과 · 사다함과 · 아나함과 · 아라한과를 얻는 자도 있고, 아직까지 불퇴전을 얻지 못했던 자도 바로 불퇴전을 얻게 된다. 이들 각자가 도를 생각하고, 도를 연설하며, 도를 실천하면서 기뻐하지 않는 사람이 없다."

17품

극락세계의 연못과 연못 안의 팔공덕수

"또한 그 강당 좌우에는 연못이 흐르고 있는데, 연못의 길이 · 넓이 · 깊이는 모두 똑같다. 연못의 크기는 10유순이나 20유순에서부터 백천 유순이나 되는 것도 있다. 연못의 물은 향기롭고, 깨끗하며, 8가지 공덕을 갖추고 있다.

연못가 언덕에는 전단향나무 · 길상과나무가 수없이 많은데, 그 나무의 꽃과 열매에서는 항상 향기가 퍼지고, 광명이 아름답게 빛난다. 길게 뻗은 나뭇가지와 무성한 잎이 연못을 덮어 주면서 갖가지 향기를 발산하는데, 세상에서는 결코 맡아볼 수 없는 향기가 난다. 그 향기는 바람을 따라 흩날리고, 물을 따라 흩어진다.

또 극락의 연못은 칠보로 장식되어 있고, 연못 바닥에는 금모래가 깔려져 있다. 연못 안에는 아름다운 우발라화 · 발담마화 · 구물두화 · 분타리화에서 나오는 갖가지 색과 빛이 물위를 가득 덮고 있다. 만약 극락의 중생들이 이 연못에 들어가 목욕을 하면서 물이 발 · 무릎 · 허리 · 겨드랑이 · 목까지 잠기길 원하면 각각 그렇게 되고, 몸을 씻고 싶어하면 몸이 저절로 씻겨지며, 물이 차갑거나 따뜻해지길 원하면 또 그렇게 되고, 물이 빨리 흐르거나 천천히 흐르길 원하면 또한 그렇게 된다. 이처럼 연못의 물은 중생들이 원하는 대로 저절로 조절된다. 이 연못에서 목욕을 하면 정신이 맑아지고, 몸이 저절로 상쾌해진다. 그리고 연못의 물은 너무나 맑고 깨끗해서 마치 물이 없는 것처럼 보인다. 연못 바닥의 보배모래는 환하게 빛나서 아무리 깊은 곳이라도 비추지 못하는 곳이 없다.

연못속의 작은 물결들은 천천히 돌다가 다시 서로 만난다. 그 물결들에서는 한없이 아름다운 소리가 흘러 나오는데, 불법승 삼보의 소리, 바라밀의 소리, 번뇌가 그친 고요한 소리, 불생불멸의 소리, 십력과 무외의 소리를 들을 수 있고, 또한 무성·무작·무아의 소리, 자비희사의 소리, 감로로 관정하며 과위를 받는 소리들을 들을 수 있다. 이와 같은 여러 가지 소리를 들으면 마음이 청정해지고, 분별심이 없어지며, 정직하고 평등한 마음이 생기고, 선근이 자라나게 된다. 이처럼 들리는 모든 소리가 정법을 말해주고 있다. 또 어떤 소리를 듣고 싶어 하면 바로 들을 수 있고, 듣고 싶어 하지 않으면 들리지 않게 된다. 극락의 중생들은 아뇩다라삼먁삼보리의 마음에서 영원히 물러나지 않게 된다. 시방세계에서 극락에 왕생하는 모든 중생들은 모두 칠보연못에 화생으로 태어나서 청정하고 텅 빈 몸과 다함이 없는 몸을 받게 된다. 삼악도나 괴로움이란 단어 조차 들을 수 없고, 일부러 만들어 놓은 나쁜 것도 없는데, 하물며 실제의 괴로움이 있겠느냐? 오직 저절로 흘러나오는 즐거운 소리만 있으므로 그 나라의 이름을 극락이라고 하는 것이다."

극락세계가 가장 수승하다

"극락세계 중생들의 얼굴과 겉모습은 미묘해서 세상을 뛰어넘을 정도로 희유하고, 모두 다 같은 모습을 하고 있지 다르게 생긴 사람이 없다. 다만, 다른 세상의 풍습을 따르기 위해 사람이나 천인이란 이름이 있을 뿐이다."

부처님께서 아난에게 말씀하셨다.

"세상의 가난하고 괴로워하는 거지가 임금 옆에 있다면, 그 얼굴과 모습이 임금과 비교가 되겠느냐?

하지만 그런 임금도 전륜성왕과 비교하면 더럽고 추해서 마치 거지가 임금 옆에 있는 것과 같다.

전륜성왕의 위엄있는 모습은 천하제일이다. 하지만 도리천왕에 비하면 또한 추하고 열등하다.

그런 도리천왕도 타화자재천왕에 비하면 백천억 배의 차이가 나서 비교할 수 없다. 하지만 이런 타화자재천왕 또한 극락에 있는 보살이나 성문들에 비하면 얼굴의 광채나 겉모습이 만억배 이상의 차이가 나서 비교할 수도 없다.

극락세계 중생들이 살고 있는 궁전·옷·음식은 타화자재천왕의 것과 비슷할지라도, 극락세계 중생들의 위덕·수행의 깊이·신통력은 모든 천인들이 감히 따라갈 수 없고, 백천만억 배 이상의 차이가 나서 계산해볼 수 조차 없다.

아난아, 아미타불의 극락세계가 이와 같은 불가사의한 공덕과 장엄을 갖추고 있다는 것을 마땅히 알아야 한다."

19품

극락세계에는 모든 것이 풍족하다

"그리고 극락세계에 이미 왕생했거나, 지금 왕생하고 있거나, 미래에 왕생하게 될 모든 중생들은 모두 이와 같은 온갖 미묘한 몸을 얻고, 모습은 단정하고 엄숙하며, 복덕은 끝이 없고, 지혜는 뛰어나며, 신통은 자재하게 된다.

필요로 하는 모든 것들이 풍족하고, 궁전·옷·꽃·향·당번·일산 등의 장식물들 또한 바라는 대로 모두 다 나타난다. 만약 음식을 먹고 싶어하면 칠보그릇이 저절로 나타나서 온갖 맛있는 음식이 저절로 가득 담기게 된다. 비록 이런 음식이 있지만 실제로 먹는 것은 아니다. 다만 음식의 겉모습을 보고 향기를 맡아서 마음으로 식사를 하면 체격과 체력은 좋아지고, 대·소변은 없으며, 몸과 마음이 유연해져서 맛에 대한 집착이 없어진다.

식사가 끝나면 그릇과 음식은 사라지고, 식사 때가 되면 다시 나타난다. 또한 온갖 보배로 만든 아름다운 옷·관과 허리띠·영락이 무량한 광명과 백천가지 미묘한 색을 모두 갖춘채 저절로 몸에 입혀지게 된다. 그들이 사는 집은 각각의 처지에 알맞은 모습을 하고 있다. 집 위에는 보배그물이 가득 덮여 있고, 그 그물에는 온갖 보배방울이 달려 있는데, 대단히 진귀한 보배로 장식되어 있어서 찬란히 빛나고 지극히 아름답다.

또한 누각·난각·집·건물은 넓거나 좁거나, 각지거나 둥글거나, 크거나 작거나, 허공에 있거나 땅에 있거나 간에 모두 다 청정하고 편안하며, 아름답고 즐거운 느낌을 준다. 모든 것들이 극락의 중생들이 바라는 대로 나타나서 부족한 것이 전혀 없다."

극락세계에는
복덕의 바람이 불고 꽃비가 내린다

"극락에는 정해진 시간마다 저절로 복덕의 바람이 천천히 일어나서 모든 보배그물과 보배나무 쪽으로 불어온다.

보배그물과 보배나무는 아름다운 소리를 내고, 고·공·무상·무아·육바라밀의 법을 연설하며, 수만 가지의 온화하고 우아한 복덕의 향기를 퍼트린다. 그 소리를 듣고 그 향기를 맡으면 번뇌와 때 묻은 습관들이 저절로 사라진다. 그 바람이 몸에 닿으면 마치 비구가 멸진정을 얻었을 때와 같이 편안하고 온화해진다. 또 그 바람이 칠보나무 쪽으로 불어오면 흩날리는 꽃잎이 무리를 지어서 만들어낸 수많은 광명이 온 불국토에 가득 차게 된다.

같은 색깔의 꽃잎끼리 흩날려서 어지럽지 않고, 마치 솜털과도 같이 부드럽게 빛나고 깨끗하다. 발로 떨어진 꽃잎을 밟으면 아래로 네 마디 정도 들어갔다가, 발을 들면 다시 처음과 같이 올라온다. 그 시간이 지나면 꽃잎은 저절로 사라지고 땅은 청정해지면서 다시 새로운 꽃비가 내리게 된다. 그러면 다시 그 새로운 꽃비가 온 불국토에 가득차서 전과 같이 아름다운 모습으로 변한다. 극락에는 이와 같은 현상이 하루에 여섯 번씩 되풀이 된다."

21품

보배연꽃과 부처님의 광명

"또한 극락에는 여러 가지 보배연꽃이 온 불국토에 가득 피어있는데, 하나하나의 보배꽃송이 마다 백천억 개의 꽃잎이 있고, 그 꽃잎에서 나오는 광명의 색깔도 수없이 다양하다. 푸른 연꽃에서는 푸른 광명이 나오고, 흰 연꽃에서는 흰 광명이 나오며, 검은색·노란색·붉은색·보라색 연꽃에서 나오는 광명도 각각 그러하다.

또한 무량하고 미묘한 보배와 백천가지의 마니보배가 연꽃을 진기하게 비춰주고 장식해줘서, 연꽃은 태양이나 달처럼 찬란히 빛난다. 연꽃의 크기는 어떤 것은 반 유순이고, 어떤 것은 1·2·3·4유순에서 백천유순이나 되는것도 있다. 하나하나의 꽃송이에서 삼십육백천억의 광명이 나오고, 그 하나하나의 광명 속에서 삼십육백천억의 부처님께서 나투시는데, 몸은 자마금색이시고 상호는 대단히 수승하시다. 이 한 분 한분의 모든 부처님들께서 백천 가지 광명을 발산하시면서 시방 중생들을 위해 미묘한 법을 널리 설해주신다. 이와 같은 모든 부처님들께서는 각각, 무량한 중생들을 부처님의 바른 가르침에 편안히 머물 수 있게 해주신다."

22품

극락에 왕생하면 반드시 부처가 된다

"그리고 아난아, 극락에는 어둠 · 불빛 · 태양 · 달 · 별빛 · 낮과 밤의 현상이 없고, 시간에 대한 개념도 없다.

살고 있는 집에 대해서도 집착이 없고, 모든 장소의 표시나 이름도 없으며, 취하거나 버리는 분별심 또한 없다. 극락의 중생들은 오직 청정한 최상의 즐거움만을 누리고 있을 뿐이다.

선남자 · 선여인 중에 이미 왕생했거나 미래에 왕생하게 될 중생들은 모두 다 성불할 것이 결정된 정정취에 머물게 되고, 아뇩다라삼먁삼보리를 반드시 증득하게 된다.

왜냐하면, 사정취나 부정취의 중생들은 '염불해서 극락에 왕생하면 모두 다 부처가 된다' 라는 아미타불께서 성취하신 거룩한 서원을 알지 못하기 때문이다."

시방세계 모든 부처님들께서
아미타불을 찬탄하신다

"그리고 아난아, 동방에 갠지스강의 모래처럼 많은 세계가 있고, 그 하나하나의 세계에 또 다시 갠지스강의 모래처럼 많은 부처님들께서 계시는데, 그 모든 부처님들께서 넓고 긴 혀를 내어 무량한 광명을 발산하시면서 정성스럽고 진실한 말씀으로 아미타불의 불가사의한 공덕을 찬탄하신다. 남방·서방·북방에도 갠지스강의 모래처럼 많은 세계가 있는데, 그 곳의 모든 부처님들께서도 또한 이와 같이 아미타불을 찬탄하시고, 사유와 상방·하방에 갠지스강의 모래처럼 많은 세계에 계시는 모든 부처님들께서도 또한 이와 같이 아미타불을 찬탄하신다.

왜 시방세계 모든 부처님들께서 다 함께 아미타불을 찬탄하시는가? 그것은 시방세계 모든 부처님들께서 다른 세계의 모든 중생들이 아미타불의 이름을 듣고 청정한 마음을 내어서 아미타불을 그리워하고, 아미타불을 염불하며, 아미타불께 귀의하고, 아미타불께 공양 올리도록 하기 위해서이다. 또한 일념의 청정한 믿음을 내고 모든 선근을 지극한 마음으로 회향해서 극락에 왕생하기를 발원하도록 하기 위해서이다. 그리고 발원한 대로 모두 극락에 왕생해서 불퇴전을 얻고, 무상정등보리를 얻도록 하기 위해서이다."

극락에 왕생하는 세 가지 부류

부처님께서 아난에게 말씀하셨다.

"시방세계의 모든 천인과 사람들 중에는 지극한 마음으로 극락에 왕생하기를 원하는 세 가지 부류가 있다.

그중에 상배자란 집과 욕심을 버리고 사문이 되어 보리심을 내어서 오직 한마음으로 아미타불만을 염불하면서 모든 공덕을 닦아 극락에 왕생하기를 원하는 사람들이다. 이런 사람이 목숨을 마칠 때면 아미타불께서 여러 성인대중들과 함께 그 사람 앞에 나타나신다. 그러면 그는 곧바로 아미타불을 따라 극락에 왕생해서 칠보연꽃 속에 저절로 화생으로 태어나서 지혜와 용맹을 갖추고, 신통이 자재하게 된다. 그러므로 아난아, 어떤 중생이라도 이 세상에서 아미타불을 친견하길 바란다면 위없는 보리심을 내어야 하고, 또한 오직 극락세계만을 생각하면서 선근을 쌓아야 하며, 그 선근을 극락에 왕생하는데 회향해야 한다. 그렇게 하면 아미타불을 친견하게 되고, 극락에 왕생해서 불퇴전을 얻게 되며, 무상보리를 증득하게 된다.

중배자란 비록 출가사문이 되어 큰 공덕을 닦지는 못하지만, 마땅히 위없는 보리심을 내어서 오직 한마음으로 아미타불만을 염불하는 사람들이다. 주어진 상황에서 최선을 다해 모든 선근공덕을 닦고, 계율을 받들어 지키고, 탑과 불상을 조성하고, 스님들께 공양을 올리고, 비단 깃발을 달고, 등불을 밝히고, 꽃을 뿌리고, 향을 사르는 이 같은 공덕을 회향해서 극락에 왕생하기를 원하는 사람들이다. 이런 사람이 목숨을 마칠 때면 아미타불께서는 광명과 상호가 실제 부처님과 똑같은 화신불의 모습으로 여러 대중들에게 앞뒤로 둘러쌓인 채로 그 사람 앞에 나타나서서 그 사람을 받아주시고 인도해 주신다. 그러면 그는 곧바로 화신불을 따라 극락에 왕생해서 불퇴전에 머물게 되고, 무상보리를 얻게 되며, 공덕과 지혜는 상배자 다음이 된다.

하배자란 비록 모든 공덕을 짓지는 못하지만, 마땅히 위없는 보리심을 내어서 오직 한마음으로 아미타불만을 염불하는 사람들이다. 또한 하배자란 염불법문을 기뻐하면서 즐겁게 믿고 의심하지 않으며, 지극히 정성스런 마음으로 극락에 왕생하기를 원하는 사람들이다. 이런 사람이 목숨을 마칠 때면 꿈에서 아미타불을 뵙고 왕생하게 되며, 공덕과 지혜는 중배자 다음이 된다.
만약 대승법에 머무르는 중생이 청정한 마음으로 열 번만이라도 아미타불을 염불하면서 극락에 왕생하기를 원하거나, 또는 심오한 염불법문을 듣고도 즉시 믿고 이해하여 청정한 마음을 얻고서 그 청정한 마음으로 아미타불을 염불하면 이런 사람도 목숨을 마칠 때면 꿈에서 아미타불을 뵙고 반드시 극락에 왕생해서 불퇴전을 얻고, 무상보리를 얻게 된다."

25품

극락왕생의 올바른 원인

"그리고 아난아, 어떤 선남자·선여인중에 이 경전을 듣고 수지·독송·사경·공양하기를 밤낮으로 계속하면서 극락에 왕생하기를 원하거나, 또는 보리심을 내어서 모든 계율을 굳게 지켜서 범하지 않고 중생들을 이익되게 하기 위해 자신이 지어놓은 선근까지도 모두 회향해서 그 중생들이 안락을 얻도록 하는 이들이 있다. 이들 또한 서방의 아미타불을 염불하고, 극락세계를 그리워하면 이런 사람이 목숨을 마칠 때 아미타불과 똑같은 상호와 갖가지 장엄을 갖춘채 저 보배국토에 태어나서 빨리 법문을 듣게 되고, 영원히 불퇴전에 머물게 된다.

또한 아난아, 만약 어떤 중생이 극락에 왕생하길 원한다면 비록 크게 정진하거나 선정을 닦지는 못해도 경전과 계율을 굳게 지니면서 열 가지 선업을 반드시 실천해야 한다.

그 열가지 선업은 다음과 같다.

1. 살생하지 말라

2. 훔치지 말라

3. 사음하지 말라

4. 거짓말하지 말라

5. 꾸미는 말 하지말라

6. 나쁜 말 하지말라

7. 이간질하지 말라

8. 탐하지 말라

9. 화내지 말라

10. 어리석지 말라

이와 같이 실천하면서 밤낮으로 극락세계와 아미타불의 갖가지 공덕과 장엄을 생각하고, 아미타불께 지극한 마음으로 귀의하고 예배드리며 공양 올리는 사람들은 그들의 목숨이 다할 때 놀라지도 않고, 두려워하지도 않으며, 마음이 흔들리지도 않은 상태에서 곧바로 극락에 왕생하게 된다.

만약 하는 일이 많아서 집을 떠날 수 없고, 재계를 크게 닦아 마음을 청정하게 할 겨를이 없는 사람이라면 시간이 날 때마다 몸과 마음을 바르게해서 욕심을 끊어야 하고, 근심을 내려놓고서 자비심으로 정진해야 한다.

화내거나 질투하지 말아야 하고, 음식을 탐하거나 인색하지 말아야 하며, 수행중에 후회하거나 의심하지도 말아야 한다. 효도하고 순응하는 마음을 지녀야 하고, 정성스런 마음으로 믿음을 지켜야 한다.

또한 부처님 경전의 말씀이 심오함을 믿어야 하고, 선행을 하면 복을 받는다는 것을 믿어야 한다.

이와 같은 모든 가르침을 받들어 실천하면서 줄어들게 하거나 잃어버리지 말아야 한다.

잘 생각하고 깊이 헤아려 생사윤회에서 벗어나길 원해야 하고, 밤낮으로 항상 아미타불을 염불하면서 아미타불의 청정한 극락세계에 왕생하기를 원해야 한다. 열흘 밤낮 내지 하루 밤낮 동안 염불이 끊어지지 않는 중생들은 그들의 목숨이 다할 때 모두 극락에 왕생하게 된다. 보살행을 하다가 극락에 왕생하는 중생들도 모두 불퇴전을 얻게 되고, 모두 금색 몸과 32상을 갖추게 되며, 모두 부처가 될 것이다. 그들이 다른 불국토에서 부처가 되길 원하면 또 그렇게 할 수도 있다. 그들의 정진이 빠르고 느린 차이가 있을지라도 도 구하기를 멈추지 않는다면 반드시 원하는 것을 성취할 것이고, 그 서원을 잃어버리지도 않게 될 것이다. 아난아, 이 같은 이유와 이익 때문에 무량·무수·불가사의·무유등등·무변세계의 모든 부처님들께서 다 함께 아미타불의 공덕을 찬탄하신다."

26품

시방세계 모든 보살들이 아미타불께
공양을 올리고 법문을 듣는다

"그리고 아난아, 시방세계의 모든 보살대중들이 극락세계의 아미타불께 예배드리기 위해 각자 꽃·향·당번·보배일산을 가지고 아미타불의 처소에 가서 정성을 다해 공양을 올린다. 그런 후 아미타불의 법문을 듣고 자신들의 불국토로 돌아가서 중생들을 교화하며, 극락세계의 공덕과 장엄을 찬탄한다."
그때 석가모니부처님께서 곧바로 게송으로 말씀하셨다.

동방에 있는 모든 불국토
갠지강의 모래수처럼 많은데,
그 많은 나라에 있는 갠지스강의 모래수처럼 많은
모든 보살들이 아미타불께 예배드리네.

남방·서방·북방·사유·상방·하방에 있는
모든 보살들 또한 아미타불께 예배드리네.
모든 보살들이 존중하는 마음으로
온갖 진귀한 보배를 공양드리네.

조화롭고 아름다운 소리로 노래를 불러

가장 높으신 아미타불을 찬탄하네.

아미타불께서는 신통과 지혜에 통달하시고

심오한 법문에 자유자재하시네.

아미타불의 성스러운 이름을 들으면

중생들 모두 편안하게 되고, 큰 이익을 얻게 되며,

갖가지 공양을 올리면서도

게으름 없이 부지런히 수행할 수 있게 되네.

저 수승한 극락세계를 살펴보니

미묘하고 불가사의한

공덕으로 널리 장엄되어 있어서

다른 모든 불국토와는 비교할 수 없네.

그래서 모든 보살들이 무상심을 일으켜

빨리 깨달음 얻기를 발원하네.

그때 아미타불께서 금빛 얼굴로 미소 지으시니,

거룩한 광명이 입에서 나와 시방세계를 널리 비추네.

그 광명이 다시 돌아와 아미타불의 몸을 감싸고,

세 번 돌아 아미타불의 정수리로 들어가니

모든 보살들은 이 광명을 보고 곧바로 불퇴전을 증득하고,

그때 모인 모든 천인과 사람들은 서로 서로 축하하며 기뻐하네.

그러자 아미타불께서 천둥처럼 맑고 깨끗한 음성으로
여덟 가지 미묘한 소리를 내면서 말씀하시길,

"시방세계에서 온 보살들의 소원
내가 모두 다 알고 있으니,
장엄하고 청정한 불국토를 간절히 구한다면
반드시 수기 받고 부처가 되리라.

모든법이 꿈 같고, 허깨비 같으며,
메아리 같은 줄을 분명히 깨닫고,
미묘한 서원 모두 성취하면
극락과 같은 불국토 반드시 이룩하리라.

너희들이 이룩한 그 국토도 그림자 같음을 깨닫고
항상 큰 서원의 마음을 일으켜야 한다네.
보살도를 끝까지 닦고, 온갖 공덕 갖추며,
수승한 보리행을 실천하면
반드시 수기 받고 부처가 되리라.
또한 모든 법의 성품이 공하고 무아임을 통달하고서
청정한 불국토를 간절히 구한다면
극락과 같은 불국토 반드시 이룩하리라."

다시 석가모니부처님께서 말씀하시길,

아미타불의 법문을 듣고 기쁜 마음으로 실천한다면
청정한 수행의 경지에 오르게 되고,
반드시 아미타불께 수기를 받아
등정각을 성취하게 되리라.

극락세계는 끝없이 수승한 곳이고,
아미타불께서 세우신 본래 원력은
'나무아미타불' 그 이름만 듣고도 왕생하길 원하면
모두 다 극락에 왕생해서 저절로 불퇴전에 오르게 되는 것.

그러니 보살들이 지극한 원을 세워서
자신들의 나라도 극락과 같아지기를 바라고,
모든 중생들 제도해서
그 모든 중생들에게 보리심을 일으키게 해주면,
고통받는 윤회의 몸을 버리고
다 함께 저 언덕에 오르게 되리라.

그러면 모든 불국토를 날아 다니며
수많은 부처님들을 받들어 모시고
기쁜 마음으로 공경한 뒤에는
다시 극락으로 돌아오게 되리라.

극락의 보살들은 시방세계 모든 부처님들께 공양을 올린다

부처님께서 아난에게 말씀하셨다.

"극락의 보살들은 아미타불의 위신력 덕분에 한끼 식사하는 그 짧은 시간에도 시방의 무변한 청정국토를 다니면서 모든 부처님들께 공양을 올린다. 꽃·향·당번과 같은 공양구들이 생각만 해도 곧바로 손에 나타나는데, 그 공양구들은 진귀하고, 미묘하며, 대단히 특별해서 이 세상에서는 볼 수가 없다. 그것들을 모든 부처님들과 보살들에게 공양 올린다. 극락의 보살들이 올린 공양구들은 곧바로 하늘위에서 하나의 꽃으로 바뀌고, 다시 아래로 내려오면서 주위를 바르고 둥글게 둘러싸면서 마침내 꽃일산으로 변한다. 그 꽃일산은 백천가지의 광명과 색깔을 지니고 있고, 색깔마다 각각 다른 향기를 지니고 있으며, 그 향기는 널리 퍼진다.

꽃일산은 작은 것도 10유순을 가득 채우고, 이런식으로 점점 커져서 삼천대천세계 전체를 뒤덮기도 한다.

꽃일산은 나타난 순서에 따라 차례대로 사라지는데, 먼저 나타난 꽃들이 다 떨어지고 난 다음에야 새로운 꽃들이 나타난다. 극락의 보살들은 하늘위에서 다 함께 천상의 음악을 연주하면서 미묘한 소리로 노래를 불러 부처님의 공덕을 찬탄한다. 그리고는 순식간에 극락으로 돌아온다. 아미타불께서 설법하실 때는 칠보강당에 모두 모이게 해서 큰 가르침을 널리 펴시고, 묘법을 말씀해 주신다. 그 법문을 들으면 누구든지 기쁨이 넘치게 되고, 마음이 열려서 깨달음을 얻게 된다. 그때 향기로운 바람이 보배나무 쪽으로 불어오면 다섯가지 아름다운 소리가 울려 퍼지고, 셀 수도 없는 아름다운 꽃들이 바람을 따라 사방으로 흩어진다. 극락에는 이렇게 저절로 이루어지는 공양이 끊어지지 않는다. 모든 천인들도 다 함께 백천 가지 꽃과 향, 만 가지 음악으로 아미타불과 보살들과 성문들에게 공양을 올린다. 이것은 모두 아미타불의 본원력과 위신력 덕분이고, 극락의 보살들이 일찍이 모든 부처님들께 공양을 올렸었기 때문이다. 또한 그 선근을 지금까지도 계속 이어나가면서 모자라거나 줄어들지 않게 했기 때문이고, 잘 닦고 익혔기 때문이며, 잘 받아드렸기 때문이고, 잘 성취했기 때문이다.”

28품

극락세계 보살들의 신통력과 광명

부처님께서 아난에게 말씀하셨다.

"극락에 있는 모든 보살들은 시방세계의 과거·미래·현재의 모든 것들을 꿰뚫어 볼 수 있고, 모든 것들을 정확하게 들을 수 있다. 또한 모든 천인과 사람들을 비롯한 기거나 날거나 꿈틀거리는 벌레들의 마음 속 선하고 악한 생각, 하고 싶어 하는말, 언제 도를 얻고 해탈할지, 언제 극락에 왕생할지를 모두 다 미리 알수 있다.

그리고 극락에 있는 모든 성문들의 몸에서 나오는 광명은 자신의 몸 길이 정도이고, 보살들의 광명은 100유순을 비춘다. 그 중에서도 두 보살이 가장 존귀하고 뛰어난데, 그들의 불가사의한 광명은 삼천대천세계 전체를 비춘다."

아난이 부처님께 여쭈었다.

"그 두 보살의 이름은 무엇입니까?"

부처님께서 말씀하셨다.

"한 분은 관세음보살이고, 또 한 분은 대세지보살이다. 이 두 보살은 사바세계에서 보살행을 닦다가 극락에 왕생해서 항상 아미타불 좌우에 자리하고 있으며, 이 두 보살이 시방세계의 무량한 부처님들 처소에 가길 원하면 생각한 즉시 갈 수 있다. 이 두 보살은 이 사바세계에 머물면서 중생들에게 큰 이익과 즐거움을 베풀어주고 있다. 세간의 선남자·선여인들이 위급하고 두려운 일을 만났을 때, 단지 스스로 관세음보살께 귀의하기만 하면 모두 다 괴로움에서 벗어나게 된다."

극락세계 보살들의 원력

"그리고 아난아, 극락에 있는 현재와 미래의 모든 보살들은 모두 이번 생만 지나면 다음 생에는 성불하게 되는 일생보처 보살들이다. 하지만 모든 중생들을 제도하기 위해 생사의 세계에 들어가서 사자후를 하고, 큰 갑옷을 기꺼이 입겠다는 큰 서원을 세운 보살들은 일생보처에서 제외된다. 이 보살들이 비록 오탁악세에 태어나서 그곳 중생들과 비슷한 모습으로 보일지라도 이 보살들은 성불할 때까지 악도에 떨어지지 않고, 세세생생 태어나는 곳마다 항상 숙명통을 얻게 된다. 아미타불께서 뜻하신 바는 시방세계 모든 중생들을 제도해서 모두 극락에 왕생하도록 하는 것이고, 또 그 중생들이 모두 열반의 도를 얻고, 모두 보살이 되며, 마침내 모두 부처가 되는 것이다. 그리고 그 중생들이 부처가 된 뒤에도 다시 사바세계로 돌아가서 남아있는 중생들을 가르치고 제도하도록 하는 것이다. 이와 같이 아미타불께서 가르치고 제도해주신 중생들의 수는 셀 수도 없이 많다.

시방세계의 성문과 보살 그리고 모든 중생들 중에 극락에 왕생해서 열반의 도를 얻고 부처가 될 중생들 또한 셀 수 없이 많다. 하지만 극락은 언제나 변함이 없는 여여한 법계라서 그 수가 늘어나는 일이 없다. 왜냐하면, 마치 큰 바다가 모든 물 중에는 왕이라서, 세상 모든 물이 바다로 흘러들어가도 큰 바닷물이 늘어나거나 줄어드는 일이 없는 것과 같은 이치 때문이다. 시방세계에 불국토가 무수히 많지만 아미타불의 극락세계가 수명이 가장 길고, 국토가 가장 넓으며, 광명이 가장 훌륭하고, 생활이 가장 즐거워서 모든 불국토들 중에서 최고로 수승하다. 이것은 모두 아미타불께서 보살이 셨을 때 세웠던 서원을 성취하시고, 무량한 공덕을 쌓으셨기 때문에 가능한 일이다. 아미타불께서 시방세계에 베풀어 주시는 은덕과 보시는 다함도 끝도 없으며, 깊고 크고 무량해서 말로는 결코 표현할 수 없다."

30품

극락세계 보살들의 깊은 수행력

"그리고 아난아, 극락세계의 모든 보살들은 선정·지혜·신통·위덕을 모두 원만하게 갖추고 있다.

또한 모든 부처님들의 비밀법장을 깊이 깨달아 알고 있으며, 육근을 조복시켜서 몸과 마음이 유연하고, 바른 지혜에 깊이 들어가서 모든 번뇌를 제거한다. 부처님의 가르침에 의지해서 칠각지와 팔정도를 닦아 나가고, 또 오안을 갖추고 있어서 진제와 속제 모두를 훤하게 꿰뚫고 있다. 육안으로는 현상을 분명하게 볼 수 있고, 천안으로는 모든 것을 걸림없이 볼 수 있으며, 청정한 법안으로는 모든 법을 깊이 관할 수 있고, 혜안으로는 이 세상의 진여실상을 깨달을 수 있으며, 법안을 성취해서 모든 법의 성품을 잘 알고 있다.

극락의 보살들은 모든 변재와 총지를 갖추고 있고, 자재하고 걸림이 없으며, 세간의 중생들 제도할 때 필요한 모든 선교방편도 잘 알고 있다. 그리고 하는 말이 정성스럽고 진실되며, 불법에 대한 이해가 대단히 깊고, 모든 중생들을 제도하기 위해 정법을 연설한다. 이 보살들은 상에도 집착하지 않고, 행에도 집착하지 않는다.

그래서 번뇌도 없고, 해탈도 없다. 또한 모든 분별을 제거해서 전도망상을 멀리 떠나 있고, 모든 사물에 대해서도 집착하지 않는다. 모든 불국토를 다니면서도 좋아하거나 싫어한다는 마음을 내지 않고, 구하거나 구하지 않는다는 생각도 하지 않으며, 너와 나라는 차별심도 일으키지 않고, 원망하는 생각도 하지 않는다. 왜냐하면, 극락의 모든 보살들은 모든 중생들을 사랑하는 마음으로 오직 그들을 이롭게 하려는 마음을 가지고 있기 때문이다.

이 보살들은 모든 집착을 버리고, 한없는 공덕을 성취한다. 그리고 걸림없는 지혜로 모든 법이 여여하다는 것을 잘 알고 있지만 중생들을 구제하기 위해 방편의 가르침을 베푼다. 또한 세속의 이론은 좋아하지 않고 오직 불법의 가르침만을 좋아하며, 모든 법이 다 공적하다는 것을 깨달아 생사와 번뇌로 인해 생겨나는 두 가지 습기도 모두 제거한다. 이 보살들은 삼계 속에서 일승법을 평등하고 부지런히 닦아서 피안에 이른다.

또한 의심의 그물을 끊고, 무소득의 깨달음을 증득하며, 방편의 지혜로 중생들 제도하는 방법을 발전시켜 나간다. 본래부터 신통에 편안히 머물러 있으면서 일승의 도를 증득한 것이지, 다른 것으로부터 깨달은 것이 아니다."

31품

극락세계 보살들의 진실한 공덕

"극락에 있는 보살들의 지혜는 마치

거대한 바다와 같이 광대하며 깊고,

깨달음은 수미산과 같이 높으며 넓고,

몸에서 나오는 불가사의한 광명은 태양이나 달 보다도 밝고,

마음은 설산과 같이 깨끗하고,

인욕은 넓은 땅과 같아서 모두를 평등하게 받아들인다.

그리고 이 보살들의 마음은 물과 같이 청정해서

번뇌의 모든 때를 씻어주고,

타오르는 불과 같아서 모든 번뇌의 찌꺼기를 태워 없애주고,

바람과 같이 집착하지 않아서 그 어떤 것에도 걸리지 않는다.

극락의 보살들은 천둥과 같은 법음으로

깨닫지 못한 중생들을 깨닫게 해주고,

감로수와 같은 법비를 내려 중생들을 이익되게 해준다.

이 보살들의 마음은 허공과 같이 넓어서

모두에게 자비롭고 평등하게 대해주고,

연꽃과 같이 깨끗해서 어떤 더러움에도 물들지 않고,

니그류나무와 같이 넓어서 모든 중생들을 덮어주고,

금강저와 같이 단단해서 사견과 집착을 부수어 주고,

철위산과 같아서 온갖 마귀와 외도들이 흔들 수 없다.

이 보살들은 정직하고, 선교방편과 결단력이 있고, 정법 논하는 것을 싫어하지 않고, 법을 구하는 것에도 게으르지 않다. 이들의 계율은 유리와 같아서 안과 밖이 모두 깨끗하고, 이들이 설한 법은 중생들로 하여금 기뻐하며 따르게 한다. 이 보살들은 중생들을 위해 불법의 북을 치고, 불법의 깃발을 세우며, 지혜의 태양으로 중생들의 어리석음을 없애준다. 이 보살들의 마음은 순수하고 온화하며, 또한 고요해서 밝게 살필 수 있다.

그리고 대도사가 되어서 나와 남을 함께 조복시키고, 중생들을 인도해서 모든 애착을 버리게 한다.

이 보살들은 영원히 탐진치를 떠나 있고, 모든 신통력에도 자재하다. 인력·연력·원력으로 선근을 자라나게 하고, 모든 마귀들을 항복시키며, 모든 부처님들을 존중하고 받들어 모신다. 이 보살들은 세상을 위해 등불을 밝혀주는 가장 수승한 복전이 되고, 또한 수승하고 상서로운 존재라서 모든 중생들의 공양을 받을만한 자격이 있다.

극락의 보살들은 찬란히 빛나고, 법희로 충만하며, 용맹하고 두려움이 없다. 또한 몸의 모습·상호·공덕·변재를 장엄하게 갖춰서 그 누구도 극락의 보살들과는 비교될 수 없다. 그래서 모든 부처님들께서도 항상 이 보살들을 칭찬해 주신다. 극락의 보살들은 모든 바라밀을 끝까지 수행하고, 불생불멸의 모든 삼매에 항상 편안히 머물러 있으며, 성문과 연각의 수준을 완전히 초월해 있다.

아난아, 나는 지금 극락세계에 왕생한 보살들의 진실한 공덕이 모두 이와 같음을 간략히 말했을 뿐이다.

만약 자세히 말하려면 백천만 겁이 지나도 다할 수가 없다."

32품

극락세계에는 수명과 즐거움이 끝이 없다

부처님께서 미륵보살과 모든 천인 및 대중들에게 말씀하셨다.

"극락에 있는 성문과 보살들의 공덕과 지혜를 말로는 다 표현할 수 없다. 또한 극락세계가 미묘하고, 안락하며, 청정하다는 것은 지금까지 말한것과 같다. 그럼에도 중생들은 왜 힘써 선을 닦지 않고, 거룩하신 아미타불을 염불하지 않는가? 극락의 보살들은 시방의 불국토를 다니면서 모든 부처님들께 공양을 올리고, 경법을 관하면서 도를 실천한다. 오랫동안 익혀왔기 때문에 법희가 충만하고, 재주가 있으며, 용맹하고 지혜롭다. 또한 신심이 견고해서 도중에 물러나지 않고, 게으름을 부리지도 않는다. 겉으로는 느린것처럼 보여도 실제의 수행속도는 빠르다. 마음이 허공과 같이 넓어서 모든 것을 다 품어주고, 겉과 속이 일치해서 그 모습이 저절로 엄숙하다.

극락의 보살들은 자신을 잘 단속해서 바르고 정직하며, 몸과 마음이 깨끗해서 애착과 탐욕이 없고, 뜻과 서원이 안정되어 있어서 늘어나거나 줄어들지도 않는다. 도를 구할 때도 사견에 귀 기울이지 않고 중도로 나아가며, 오직 경전의 가르침만을 따를뿐 발을 헛디뎌서 실수하는 일이 없고, 한 티끌의 결점도 없는 깨끗한 마음으로 모두 불도를 숭상한

다. 이 보살들의 마음이 한없이 넓지만 다른 망념이 없어서 근심걱정
이 없고, 조작하는 마음도 없다. 그 마음이 허공과 같아서 특별한 한 법
만을 세우지 않고, 또한 그 마음이 담박하고 편안해서 어떤 욕심도 없
다. 선한 서원을 세워놓고 온 마음을 다해서 그 서원 성취할 방법을 찾
으며, 대자대비의 마음을 품고서 오직 중생들을 제도할 생각뿐이다. 중
생들을 제도하는 방편이 세간의 규범과 풍습에 잘 들어맞고, 또 세간과
출세간의 이치를 모두 알고 있어서 중생들을 해탈로 인도해준다. 극락
의 보살들은 자성을 잘 보호하고 지켜서 항상 그들의 진여본성은 청정
하고 순결하다. 또한 그들의 뜻과 서원은 위없이 높고 청정하며, 고요
하고 안락하다.

그래서 어느 순간 홀연히 크게 깨달아 자성속에 나타난 눈앞의 현상과
그 현상의 본질까지 꿰뚫어 볼 수 있게 된다. 청정한 자성의 광명과 색
깔이 뒤섞여서 나타나는 모습은 대단히 수승하다. 울단월의 세계가 칠
보로 저절로 이루어져 있듯이, 극락세계도 시방법계에 저절로 넓게 펼
쳐져서 광명·정교함·명려함을 모두 갖추고 있는데, 그 아름답고 수
승한 모습은 그 어떤 세계와도 비교할 수 없다. 극락이란 상하 차별없
이 평등하고, 모든 것을 완벽하게 통달할 수 있는 곳이다. 각자 부지런
히 정진하고 노력해서 스스로 찾는다면, 반드시 고통의 세간을 뛰어넘
어 한없이 청정한 아미타불의 극락세계에 왕생하게 된다. 그러면 오악
취는 끊어지고, 악도는 저절로 닫혀서 성불의 길에 오르게 된다. 극락
에 가기가 이렇게 쉬운대도 가려는 사람이 없다. 극락에 가고 싶어하
면 그 어떤 방해도 없이 저절로 이끌려서 가게 되는대도 말이다. 그러
니 세상의 모든 욕심을 버리고, 마음을 허공처럼 텅 비워야 한다. 부지

런히 염불해서 극락에 왕생하면 영원한 삶을 얻고, 수명과 즐거움이 끝이 없을 것이다.

그럼에도 왜 세상 일에 집착하고, 무상한 일에 애를 태우며 걱정하고 있는가?"

부지런히 정진해서 극락에
왕생하라고 말씀하시다

"세상 사람들은 급하지도 않은 일 때문에 서로 싸운다. 이렇게 지극히 악독하고 고통스러운 세상 속에서 오직 자신들의 생계만을 위해서 고생하고 있다. 신분이 높거나 낮거나, 가난하거나 부유하거나, 남녀노소를 가릴 것 없이 모두가 근심걱정에 쌓여서 잠시도 마음 편할 때가 없다. 땅이 없으면 없다고 걱정이고, 집이 없으면 또 없다고 걱정이며, 가족과 재물은 있어도 걱정 없어도 걱정이다. 하나가 생기면 다른 하나가 다시 부족하다고 생각하면서 모든 것을 다 가지려고 한다. 어쩌다 조금이라도 가지게 되면 뜻밖의 수재나 화재를 입어서 재물이 물에 떠내려가거나 불태워지지는 않을까, 혹은 도둑이나 빚쟁이에게 빼앗겨서 없어져 버리지는 않을까를 또 걱정한다. 마음이 인색하고 완고해서 작은 재물도 내놓지 못하지만, 죽을 때가 되면 모든 것을 다 버리고 가야할 뿐 그 어떤 것도 가지고 갈 수는 없다. 가난한 자는 물론 부자에게도 이런 근심이 있는 것은 마찬가지라서 모두가 다 수만 가지의 근심과 괴로움을 안고 살아간다.

세상 사람들 중에서 부모와 자식 · 형제 · 부부 · 가족 · 친척 간에는 서로 공경하고 사랑해야지 미워하거나 질투하지 말아야 한다. 있는 것 없는 것을 서로 살피고 도와주면서 탐하거나 인색하지 말아야 하고, 말과 표정을 항상 부드럽게 하면서 서로 싸우지 말아야 한다. 싸우고 나서 화난 마음을 그대로 두면, 시간이 가면 갈수록 그 마음이 점점 커져서 큰 원수가 되기도 한다. 세상 일이란 서로를 힘들게 하더라고 곧바로 그 과보가 나타나는 것은 아니지만, 최대한 빨리 그 악한 마음을 깨트려 없애야 한다.

사람은 애욕 속에서 혼자 태어났다가 혼자 죽고, 혼자 갔다가 혼자 온다. 자신이 지은 선행과 악행에 대한 과보는 자기 스스로 받아야 할뿐, 그 누구도 대신 받아줄 수 없다. 오직 자신이 지어놓은 선업과 악업만이 자신을 뒤쫓아올 뿐이고, 가는 길 또한 같지 않아서 다시 만날 기약도 없다.

그럼에도 왜 몸이 젊고 건강할 때 부지런히 선을 닦지 않는가? 도대체 무엇을 기대하고 있단 말인가?

세상 사람들이 인과응보의 이치를 스스로 알길이 없으니 길흉화복의 업을 다투듯이 짓고 있다. 그래서 행동은 어리석고 정신은 어두워서 삿된 가르침을 함부로 받아들인다. 또 뒤바뀐 생각이 계속 이어지니 결국 생사윤회를 피하지 못한다. 마음이 어리석고 거칠어서 경전의 가르침을 믿지 않고, 앞으로 닥쳐올 일들에는 아무 관심없이 각자 눈앞의 즐거움만을 바라고 있다. 끊임없이 분노에 빠지고 돈과 이성만을 탐하고 있으니 슬프고도 참으로 가여운 일이다. 앞 세대의 사람들이 선한 일을 한적이 없고, 도덕을 알지도 못하며, 또 가르쳐줄 사람도 없었으니 이런 상황이 그렇게 이상한 것은 아니다. 더욱이 세상 사람들은 생사윤회와 인과응보의 사실을 전혀 믿지 않고, 오히려 부정하며 결코 없는 일이라 생각한다. 이런 것은 세상 사람들의 모습을 잘 살펴보면 저절로 알게 된다.

부모는 자식을 잃어서 울고, 자식은 부모를 잃어서 울며, 형제·부부도 서로를 잃어서 운다. 누군가가 먼저 죽으면 남은 사람들은 먼저 간 사람을 그리워한다. 근심과 사랑에 얽매여서 잠시도 벗어나지 못하고, 죽은 사람의 은혜와 사랑만 생각하면서 애정을 버리지 못한다. 그래서 깊이 생각하고 잘 헤아려서 부지런히 정진하지 못하는 것이다. 이렇게 어영부영하다가 문득 죽음이 닥쳐오면 참으로 어떻게 할 수가 없다.

세상에 도를 의심하는 사람은 많고, 도를 깨달은 사람은 적다. 각자 마음속에는 살기어린 독을 품고 있는데, 이 악한 기운이 심해지면 결국 큰 재앙까지 일어나게 된다. 세상의 이치를 거역하고, 또 방자한 마음으로 큰 죄를 짓게 되면, 하늘은 문득 그 목숨을 빼앗아 삼악도로 떨어트려 버린다. 삼악도에 떨어지면 다시 벗어날 기약은 없다.

그대들은 깊이 생각하고 잘 헤아려서 모든 악업을 그만두어야 하고, 선한 일을 선택해서 부지런히 실천해야 한다.

애욕과 부귀영화는 영원하지 않고 모두 덧없이 흩어지고 마는 것이라서 좋아할 만한 것이 못된다. 부지런히 정진해서 극락에 왕생하면 뛰어난 지혜를 얻고, 수승한 공덕을 성취하게 될 것이다. 마음 내키는대로 행동하거나,경전과 계율의 가르침을 어겨서 남보다 뒤쳐지는 일이 없도록 해야 한다."

34품

모두가 마음이 열리고 깨달음을 얻게 되다

미륵보살이 부처님께 말씀 드렸다.

"부처님께서 말씀하신 가르침과 계율은 대단히 깊고 참으로 훌륭하십니다. 저희 중생들은 모두 부처님의 자비로우신 은혜를 입어서 근심과 괴로움에서 벗어날 수 있게 되었습니다. 부처님께서는 법의 왕이시고, 부처님의 존귀함은 모든 성인들 보다도 뛰어나십니다. 부처님의 광명은 시방세계를 모두 비추고, 부처님께서는 모든 천상과 사람들의 스승이 되어 주십니다. 지금 부처님을 뵙고 또한 아미타부처님의 법문을 직접 듣게 되니 기뻐하지 않는 이가 없고, 모두가 마음이 열리고 깨달음을 얻게 되었습니다."

부처님께서 미륵보살에게 말씀하셨다.

"부처님을 공경하는 것은 참으로 큰 선근공덕이 된다. 그대들은 성실하게 염불해야 하고, 모든 의심의 그물을 끊어야 하며, 모든 애욕의 뿌리를 뽑아야 한다. 그러면 삼계를 두루 다니면서도 아무런 걸림없이 바른 가르침을 열어 보일수 있고, 아직 제도 받지 못한 중생들을 제도할 수 있게 된다. 시방세계의 모든 중생들이 영겁 이래로 오도를 헤매오면서 아직 까지도 근심과 괴로움에서 벗어나지 못하고 있다는 것을 그대들은 반드시 알아야 한다.

태어날 때 고통스럽고, 늙어 가면서도 고통스럽고, 병들었을 때도 대단히 고통스럽고, 죽을 때도 대단히 고통스럽다. 이 세상은 악이 넘치고 깨끗하지 못해서 참된 즐거움이란 없는 곳이다. 그러니 스스로 결단해서 마음의 때를 씻어 없애야 하고, 말과 행동을 진실하게 해서 겉과 속이 일치하도록 해야한다.

자기 자신을 제도하고 나서는 다른 사람도 구제해야 한다. 또한 지극한 마음으로 극락에 왕생하기를 원하면서 많은 선근을 쌓아야 한다. 그러면 이번 생의 고생은 순식간에 지나가고, 다음 생에는 아미타불의 극락세계에 태어나서 끝도 없는 즐거움을 누리게 될 것이다. 극락에 왕생하면 생사윤회의 뿌리가 영원히 뽑혀버렸기 때문에 다시는 그 어떤 고통도 겪지 않게 된다. 수명은 천겁이든, 만겁이든 원하는 만큼 얼마든지 다 얻을 수 있다. 그러니 그대들은 각자 정진해서 마음속으로 세웠던 서원들을 실천해야 한다. 의심하거나 후회하면 큰 장애가 생겨서, 극락세계의 변두리에 있는 칠보궁전에 태어나 500년 동안이나 모든 고난을 겪어야 한다."

미륵보살이 부처님께 말씀드렸다.

"부처님의 분명한 가르침을 받았으니, 오직 정성껏 닦고 배워서 가르침대로 받들어 실천할뿐 결코 의심하지 않겠습니다.

35품

오탁악세의 5악 · 5고통 · 5불길

부처님께서 미륵보살에게 말씀하셨다.

"그대들이 이 세상에서 마음과 생각을 바르게 해서 온갖 악행을 하지 않는다면, 그것은 참으로 큰 공덕이 된다.

왜냐하면 다른 불국토에는 선행을 하는 사람은 많지만 악행을 하는 사람은 적어서 교화하기가 쉽기 때문이다.

하지만 유독 이 사바세계는 다섯가지 악이 넘쳐서 극심한 고통을 겪고 있다. 내가 지금 이 세상에서 부처가 된것은 중생들을 교화해서 다섯가지 악을 버리게 하고, 다섯가지 고통을 제거해 주며, 다섯가지 불길을 떠나게 하기 위해서이고, 또한 그들의 마음을 되돌려서 다섯가지 선을 지니게 하고, 그 복과 덕을 얻게 하기 위해서이다.

무엇이 5악이고, 5고통이며, 5불길인가? 첫 번째 악이란 다음과 같다. 세상 모든 중생들은 온갖 악행을 하려고 한다. 강자는 약자를 굴복시키고, 약자가 다시 상대방을 해치고 죽이면서 또 다시 서로를 물어뜯는 이런 일들을 계속 반복하고 있다. 착한 일을 할줄은 모르고 이런 극악무도한 짓만 하기 때문에 결국 벌을 받게 된다. 그래서 세상에는 가난

한자·거지·고아·고독한자·귀머거리·장님·벙어리·바보·포
악한자·곱추나 절름발이·미치광이 등이 있는 것이다. 이것은 모두
그들이 전생에 도덕을 믿지 않고, 선행을 하지 않았기 때문이다. 그러
나 한편으로는 존귀한자·부자·현명한자·장자·지혜롭고 용맹한
자·재주가 뛰어난자 등이 있는데, 이것은 그들이 모두 전생에 자비와
효도를 행하고, 선을 닦으며 덕을 쌓았기 때문이다. 우리는 세상에서
악행에 대한 과보가 이렇게 나타나는 경우를 흔히 볼 수 있다.

그들의 목숨이 다하고 저승에 가면, 다른 몸을 받고 다시 태어나서 계
속 윤회를 하게 된다.

그러므로 지옥·금수·기거나 날거나 꿈틀거리는 벌레들이 있는 것이
다. 그것은 마치 이 세상의 감옥에서 극형을 받는 고통과도 같다. 영혼
은 항상 자신이 지은 죄에 따라 고통을 받게 되는데, 그때마다 받는 고
통은 길기도 하고 짧기도 하다. 전생의 원한 때문에 같은 곳으로 쫓아
와서 다시 보복하기를 멈추지 않고, 그 악업이 다 끝날 때 까지는 서로
헤어지지도 못한다. 그곳을 떠돌면서 수많은 겁이 지나도 벗어나지 못
하고, 해탈하지도 고통을 말로는 다할 수 없다. 하늘과 땅 사이에는 저
절로 이러한 일들이 있다. 비록 그 과보가 곧바로 나타나지는 않더라
도 선행과 악행에 대한 과보는 반드시 그 사람에게 돌아가게 된다.

두 번째 악이란 다음과 같다.

세상 사람들은 법도를 따르지 않고, 사치하고 음란하며, 교만하고 방종
하면서 제멋대로 행동한다. 윗사람이 현명하지 않고 지위에 있는 사람
도 바르지 않아서 사람들을 억울한 상황에 빠트리고, 성실하고 선량한

사람들에게 손해를 끼친다. 속 마음과 하는 말이 각각 다르고, 마음에는 거짓이 가득해서 윗사람·아랫사람·가족·타인 할것없이 모두가 서로를 속인다. 각자 탐진치의 마음을 품고 오직 자신들의 이익만을 위해서 욕심을 부린다.

그러다 이익과 손해, 승리와 패배가 결정되면 화를 내다가 결국에는 원수가 되기도 한다. 이렇게 집안을 망치고, 자신을 망치고도 앞뒤를 살펴보지 않는다. 또 어떤 사람들은 부유하면서도 인색해서 베풀 줄을 모른다. 재물만을 탐하느라 마음은 수고롭고, 몸은 고달프기만 하다. 이렇게 살다보면 그 누구도 따르는 사람이 없다. 선행과 악행의 결과인 복과 재앙만이 그 사람을 따라간다. 그래서 어떤 사람은 행복한 곳에 태어나고, 어떤 사람은 고통속으로 들어가게 되는 것이다. 또 어떤 사람은 착한 사람을 보면 미워하고 비방할뿐, 칭찬하거나 본받을려고 하지 않는다. 항상 도둑의 마음을 품고서 남의 재물을 탐내고, 다 써서 없어지면 또 다시 찾아 나선다.

천신들은 모든 악행을 똑똑히 기록해 두었다가 죄인의 목숨이 다하면 악도로 떨어트린다. 당연히 삼악도에는 끝없는 고통이 있다. 그곳을 떠돌면서 수많은 겁이 지나도 벗어나지 못하는 고통을 말로는 다할 수 없다.

세 번째 악이란 다음과 같다.

세상 사람들은 서로간의 인연 때문에 태어난다. 하지만 그들이 누리는 수명은 얼마 되지 않는다. 나쁜 사람들은 몸과 마음이 바르지 못해서 항상 사악한 마음을 품고, 항상 음란한 생각만 한다. 그래서 가슴 속은 번뇌로 가득하고, 삿된 마음이 밖으로 까지 흘러 넘친다. 집안 재산을 낭비하고 법까지 어기면서도 마땅히 해야할 일들을 하지 않는다. 때로는 무리를 만들고 군대를 일으켜서 서로 해치고, 공격하고, 죽인다. 또 강제로 빼앗고 협박해서 얻은 재물을 자신의 처자식들에게 갖다 주고, 즐거움만을 위해서 몸을 다 바친다. 그래서 사람들이 모두 싫어하고 미워하며, 근심하고 괴로워한다. 이 같은 악행은 사람이나 귀신들에게도 알려지고, 천지신명도 기록해 두었기 때문에 결국 저절로 삼악도로 떨어져서 끝없는 고통을 받게 된다. 그곳을 떠돌면서 수많은 겁이 지나도 벗어나지 못하는 고통을 말로는 다할 수 없다.

네 번째 악이란 다음과 같다.

세상 사람들은 착한 일을 할 생각은 하지 않고 이간질·욕설·거짓말·꾸며대는 말을 한다. 착한 사람을 미워하고 질투하며, 현명한 사람을 무너트릴려고 한다. 부모에겐 불효하고, 스승과 어른을 업신여기며, 친구에게는 믿음을 지키지 않는 등, 성실함이라고는 찾아볼 수 없다. 자기만 대단하고 자신에게 도가 있다고 착각해서 함부로 위세 부리고, 남을 침범하고 무시한다. 또한 남들이 두려워하고 공경하기만을 바라면서도 스스로 부끄러워하거나 두려워하지 않는다. 이런 사람들은 항상 교만한 마음을 품고 있어서 제도하기가 어렵다. 전생에 지은 복덕 때문에 그나마 보호를 받으며 살고 있다. 하지만 금생의 악행 때문에 그 작은 복덕마저 다 사라지면, 목숨이 다할때는 온갖 악업에 휩싸이게 된다. 또한 죄인의 모든 악행은 천신들이 기록해 두었기 때문에 결국 자신이 지은 악업에 이끌려 갈뿐, 결코 그 악업에서 벗어날 수가 없다. 오직 전생에 지은 악업 때문에 지옥의 불가마 속으로 끌려가서 몸과 마음이 산산조각나는 고통을 겪어야 한다. 그때 후회한들 무슨 소용이 있겠는가?

다섯 번째 악이란 다음과 같다.

세상 사람들은 빈둥거리면서 게으름만 피우지 선행을 하거나, 몸을 다스리거나, 일을 하지 않으려고 한다.

부모가 가르치고 타이르면 반항하기를 마치 원수처럼 하므로 차라리 자식이 없는 것보다 못하다.

또한 은혜를 배반하고, 의리를 지키지 않으며, 보답할 생각조차 없다. 그저 방탕하게 즐기면서 술에 빠져있고, 맛있는 음식만 찾는다. 남의 사정도 모른채 미련하게 몰아 붙이고, 의리나 예의도 없어서 누가 깨닫게 해줄 수도 없다. 집안 살림이 있는지 없는지를 걱정하지 않고, 부모의 은혜도 모르며, 스승과 친구에 대한 의리도 없다.

마음으로, 입으로, 몸으로 지금껏 단 한 번의 착한 일도 해본적이 없다. 모든 부처님들의 가르침을 믿지 않고, 생사윤회와 인과응보의 도리도 믿지 않는다. 깨달음을 얻은 성인을 죽이려 하고, 화합된 승가를 싸움으로 분열시키려 한다. 이처럼 어리석고 어두워서 스스로의 지혜로는 인간은 왜 태어났는지, 또 죽은 다음에는 어디로 가는지를 알지 못한다. 어질지 못하고, 온순하지도 않으면서 오래는 살고 싶어 한다. 자비로운 마음으로 가르치고 타일러도 믿지 않고, 간절한 마음으로 말해 주어도 아무런 보람이 없다. 마음은 굳게 닫혀 있고, 생각 또한 열리지 않는다. 그러다 죽을 때가 되면 비로소 후회와 두려움이 밀려온다. 하지

만 미리 선을 닦지 않다가 죽기 직전에 후회한들 무슨 소용이 있겠는
가? 하늘과 땅 사이에는 오도가 분명히 있어서 선과 악을 지으면, 그 과
보로 각각 복과 재앙을 받게 된다. 자기가 지어서 자기 스스로 받을뿐,
그 누구도 대신 받아줄 수 없다. 착한 사람은 선행을 해서 즐거운 곳에
서 더 즐거운 곳으로 들어가고, 지혜는 더욱 밝아진다. 하지만 나쁜 사
람은 악행을 해서 괴로운 곳에서 더 괴로운 곳으로 들어가고, 마음은
더욱 어두워진다. 누가 그 이치를 알고 있는가? 오직 부처님만이 알고
계실 뿐이다. 말로 가르치고 열어서 보여 주시지만 믿는 사람은 적다.
그래서 생사윤회는 계속되고, 악도는 끊어지지 않으며, 그 같은 중생들
도 다 없어지지 않는 것이다. 당연히 삼악도에는 끝없는 고통이 있다.
그곳을 떠돌면서 수많은 겁이 지나도 벗어날 기약이 없고, 해탈하지도
못하는 고통을 말로는 다할 수 없다.

이와 같은 5악·5고통·5불길의 고통은 마치 큰 불이 사람의 몸을 태
우는 것과 같다. 하지만 마음을 잘 가다듬어 몸과 생각을 바르게 해서
말과 행동을 일치시키고, 행동은 진실되게 하며, 오직 선행을 할뿐 악
행을 하지 않는다면 몸은 홀로 고통에서 벗어나고, 그 복과 덕으로 장
수와 열반의 도를 얻게 될 것이다.

이것이 다섯가지 큰 선이다.”

36품

거듭해서 가르치고 권유하시다

부처님께서 미륵보살에게 말씀하셨다.

"내가 그대들에게 말한 5악·5고통·5불길은 서로가 원인이 되고, 결과가 되어서 생겨난다. 그래서 악을 지으면 당연히 악도로 떨어지게 된다. 때로는 이번 생에서 먼저 재앙과 병을 만나서 죽고 싶어도 죽지 못하고, 살고 싶어도 살지 못하는 자신이 저지른 악행의 결과를 사람들에게 보여주게 된다. 때로는 목숨이 다한 뒤에 악도로 떨어져서 혹독한 근심과 고통을 겪다가 결국 스스로의 몸을 불태우게 된다. 이 5악·5고통·5불길은 오랜 세월이 지나도 계속되고, 또 다시 원한을 맺게해서 다시 서로를 죽이고 해치게 만든다. 처음의 작은 악행이 마침내 큰 비극으로 이어지는 것이다. 이 모두가 재물과 애욕에 집착한 나머지 남에게 베풀지 못했기 때문이고, 자신의 즐거움만을 위해서 옳고 그름을 살피지 않았기 때문이며, 어리석은 욕망에 빠져서 자신의 이익에만 몰두했기 때문이다. 부귀영화는 그 당시만을 즐겁게 해줄 뿐이다. 인욕하지 않았고, 힘써 선을 닦지도 않았기 때문에 그 위세는 얼마 못가서 사라져 버린다. 인과응보는 한치의 오차도 없는 까닭에, 악업을 지은 자들이 근심하고 놀라면서 삼악도 속으로 들어가게 되는 것은, 예나 지금이나 변함이 없으니 참으로 아프고 가여운 일이다. 그대들은 불법의 가르침을 잘 듣고 곰곰이 생각해서 각자가 바르게 지켜야 하고, 목숨이 다할때 까지 게으르지 말아야 한다. 성인을 존중하고, 착한 사람을 공경하며, 인자한 마음으로 모든 중생들을 사랑해야 한다.

그리고 마땅히 해탈을 구해야 하고, 생사윤회를 일으키는 온갖 악의 뿌리를 뽑아 없애야 한다. 그러면 삼악도의 끝없는 근심 · 두려움 · 고통과는 영원히 작별하게 된다. 그대들이 선행을 실천할 때 무엇을 가장 먼저 해야 하는가?

자신의 마음을 바르게 해야 하고, 자신의 몸을 바르게 해야 하며, 귀 · 눈 · 입 · 코 모두를 바르게 해야 한다.

또한 몸과 마음을 청정히 해서 선과 일치하도록 해야 하고, 자신의 욕망을 잘 제어해서 모든 악행을 범하지 말아야 한다. 그리고 말과 표정을 부드럽게 해야 하고, 몸가짐을 신중히 하면서 자신을 살펴야 하며, 행동은 안정되고 차분하게 해야 한다. 일을 할 때 서두르면 실패하고 후회할 것이며, 신중히 살피지 못한다면 얻게 될 공덕도 잃어버리게 될 것이다."

경전의 가르침대로 행할뿐 결코 어기지 말라

"그대들은 공덕을 널리 심고, 계율을 어기지 말아야 한다. 또한 인욕하고 정진하며, 자비로운 마음으로 한결같이 수행해야 한다. 이 세상에서 하루 밤낮동안 청정하게 계율을 지킨다면, 그것은 극락세계에서 백년동안 선행을 하는 것 보다 수승하다. 왜냐하면 극락은 저절로 모든 선이 쌓여 있고, 털끝 만큼의 악도 없는 곳이기 때문이다. 또 이 세상에서 열흘 밤낮동안 선행을 하는 것이 다른 모든 불국토에서 천년동안 선행을 하는 것 보다 수승하다. 왜냐하면 다른 불국토는 저절로 복덕이 존재하고, 악을 지을 데가 없는 곳이기 때문이다. 하지만, 유독 이 사바세계는 선이 적고 악이 많은 곳이다. 사바세계의 생활은 쓴 것을 마시고, 독약을 먹는것과도 같아서 모두가 한 번도 편안히 쉬지를 못하고 있다.

나는 그대들을 가없이 여기는 마음으로 간곡히 타일러서 경법의 가르침을 주었으니 모두 받아 지녀서 사유하고, 모두 받들어 실천해야 한다. 존귀한자·천한자·남녀·가족·친구들에게 서로서로 전해주어야 한다. 또한 스스로도 조심하면서 살펴야 하고, 온화한 태도로 순응하면서 이치에 맞게 살아야 한다.

그리고 항상 기뻐하며 즐거운 마음을 지녀야 하고, 자비롭고 효성스런 마음으로 모든 중생들을 대해야 한다. 잘못한 것이 있다면 스스로 참회해서 악을 끊고 바른 길로 나아가야 하고, 아침에 자신의 잘못을 알았다면 저녁에는 고쳐야 한다. 경법과 계율 받들어 지키기를 마치 가난한 사람이 보배를 얻은 것처럼 소중히 해야 한다. 과거의 잘못을 고치고 이제부터라도 바르게 수행해 나아가길 원한다면 마음속 때를 씻어야 하고, 자신의 잘못된 행동을 바꿔야 한다. 그러면 불보살님들의 가피를 받아서 원하던 것을 머지 않아 얻게 될 것이다.

여래가 직접 다니는 국가·도시·마을은 모두 교화를 입어서 천하는 태평하고, 해와 달은 청명하며, 비와 바람은 때를 맞추어 오고, 재앙과 질병은 발생하지 않는다. 나라는 풍요롭고, 백성들은 편안하며, 군인과 무기는 필요가 없다. 또한 덕을 숭상하고, 자비심을 내며, 힘써서 예의와 겸양을 닦게 된다.

나라에는 도둑이 없고, 억울해 하는 사람도 없으며, 강자가 약자를 괴롭히지도 않고, 모두가 각자의 자리에서 편안하게 살아간다. 내가 그대들을 가엾이 여기는 것은 부모가 자식을 생각하는 마음 보다도 더욱 깊다.

나는 이 세상에서 부처가 되어 선으로 악을 물리치고, 생사윤회의 고통을 뽑아내며, 다섯가지 덕을 얻게 하고, 무위의 편안함에 이르게 하였다. 하지만 내가 열반에 든 뒤에는 경전의 가르침이 점점 사라져서 사람들은 아첨하고 거짓말하면서 다시 온갖 악행을 하게 될 것이다. 그래서 5불길과 5고통은 시간이 가면 갈수록 심해질 것이다. 그러니 그대들은 서로를 깨우쳐주면서 경전의 가르침대로 행할뿐 결코 어기지 말아야 한다.”

미륵보살이 합장하고 부처님께 말씀드렸다.

“세상 사람들이 짓는 악과, 악을 지어서 받는 고통이 참으로 이와 같고 이와 같습니다.

부처님께서는 깊은 자비심으로 모든 중생들을 가엾게 여기시고, 모두 다 고통에서 벗어나게 해주십니다.

부처님의 귀중한 가르침을 받은 이상, 감히 어기거나 잃어버리지 않겠습니다.”

아미타불께서 광명을 나타내시다

부처님께서 아난에게 말씀하셨다.

"그대들이 무량청정평등각이신 아미타불 그리고 모든 보살들과 아라한 등이 살고 있는 극락세계를 보길 원한다면, 해가 지는 서쪽을 향해 일어나 공경히 예배드리면서 '나무아미타불' 이라고 염불해야 한다."

그러자 아난이 곧바로 자리에서 일어나 서쪽을 향해 합장하고 머리를 조아리며 말씀드렸다.

"제가 지금 극락세계의 아미타불을 뵙고서 공양을 올리고, 받들어 모시며, 갖가지 선근을 심고자 하옵니다"

이렇게 예배를 드리는 사이에 홀연히 아미타불을 뵙게 되었는데, 아미타불의 용안이 광대하시고 상호가 단정하고 엄숙하셔서 마치 황금산이 온 세상에서 가장 높이 솟아 있는 것과 같았다. 또한 시방세계의 모든 부처님들께서 아미타불의 온갖 공덕을 걸림도 없고, 끊어짐도 없이 찬탄하시는 것을 들을 수 있었다.

아난이 부처님께 말씀드렸다.

"아미타불의 극락세계와 같이 청정한 불국토를 본적이 없습니다. 저 또한 즐거운 마음으로 극락에 왕생하기를 원하옵니다."

세존께서 말씀하셨다.

"극락에 왕생하는 중생들은 이미 오래전부터 무량한 모든 부처님들을 가까이 모시면서 온갖 공덕을 심어왔다.

그대도 극락에 왕생하길 원한다면, 한마음으로 아미타불께 우러러 귀의해야 한다."

석가모니불께서 이 말씀을 하실 때, 아미타불께서 곧바로 손바닥에서 무량한 광명을 발산하시면서 시방 모든 불국토를 널리 비춰주셨다. 그러자 시방 모든 불국토가 환하게 보이면서 마치 눈앞에 있는 것 같았다.

아미타불의 수승한 광명이 지극히 청정한 까닭에, 이 세계의 모든 흑산 · 설산 · 금강산 · 철위산 · 크고작은 모든산 · 강 · 숲 · 천인의 궁전 등을 모두 다 비추었다. 마치 해가 떠올라서 세상을 밝게 비추듯이, 지옥도 · 축생도 · 아귀도까지 모두 크게 열려서 똑같은 색으로 빛나고 있었다. 비유하자면, 세상의 종말이 오면 큰 홍수가 세계를 덮쳐서 모든 것은 물속에 잠기고 보이는 것은 오직 엄청난 양의 물 뿐이 듯이, 아미타불의 광명 또한 이와 같아서 성문과 보살들의 광명은 모두 가려지고, 오직 아미타불의 광명만이 찬란하게 빛나고 있었다. 이곳에 모인 사부대중 · 천룡팔부 · 사람과 사람 아닌 존재들이 모두 다 극락세계의 갖가지 장엄들을 보았고, 아미타불께서 극락의 높은 연화대에 앉아 계시면서 크고 높으신 위덕을 드러내시고 거룩한 상호에서 광명을 발산하시는 것을 보았으며, 그런 아미타불께서 성문과 보살들에게 공경히 둘러싸여 계신 모습을 보았다. 그 모습은 마치 수미산이 바다에서 솟아올라 찬란히 빛나고 있는 것 같았다. 극락은 청정하고 평등하며 단정해서 더러운 것이나 이상한 것이 없었고, 오직 온갖 보배로 장식되어 있었으며, 성현들이 함께 머물고 있었다. 아난과 모든 보살대중들은 모두 뛸듯이 크게 기뻐하였고, 머리를 땅에 대고 예배드리면서 '나무아미타삼먁삼불타' 라고 염불하고 있었다.

모든 천인과 사람들은 물론 기거나 날거나 꿈틀거리는 벌레들까지 이 광명을 본 자들은 모든 질병의 고통이 그쳤고, 모든 근심과 번뇌에서 벗어 났으며, 모두 다 자비로운 마음으로 선행을 하면서 기뻐하고 즐거워하였다.

또 종·경쇠·거문고·공후와 같은 악기들이 연주하지 않아도 저절로 다섯가지 아름다운 소리를 내었고, 모든 불국토의 모든 천인과 사람들도 각자 꽃과 향을 가지고 와서 허공에 뿌리면서 공양을 올렸다.

극락세계는 서쪽으로 백천구지나유타 불국토를 지나야 존재하는 세계였지만, 부처님의 위신력 덕분에 마치 눈앞에 있는 것 같았고, 청정한 천안으로 바로 앞에 있는 땅을 보는 것 같았다. 극락세계에서 이곳을 보는 것도 그와 같아서, 사바세계의 석가여래께서 비구들에게 둘러싸여 설법하시는 것을 극락세계 대중들이 모두 바라보았다.

아난과 미륵보살이 극락세계를 직접 보다

그때 부처님께서 아난과 미륵보살에게 말씀하셨다.

"그대들은 극락세계의 궁전·누각·연못·숲 등이 미묘하고, 청정하며, 장엄한 것을 보았느냐?

그대들은 욕계의 모든 천상에서부터 위로는 색구경천에 이르기까지의 모든 천인들이 온갖 꽃과 향을 비처럼 뿌리면서 극락세계를 장엄하는 것을 보았느냐?"

아난이 대답하였다.

"네 보았습니다."

"그대들은 아미타불께서 거룩한 음성으로 법을 설하시며 시방세계 중생들을 교화하시는 것을 들었느냐?"

아난이 대답하였다.

"네 들었습니다."

부처님께서 말씀하셨다.

"그대들은 극락에서 청정한 행을 갖춘 대중들이 허공을 날아다닐 때 아무런 장애없이 궁전이 몸을 따라다니고, 또 그렇게 시방세계를 두루 다니면서 모든 부처님들께 공양올리는 것을 보았느냐? 그리고 그들의 염불소리가 계속 이어지는 것을 보았느냐? 또한 극락에 있는 온갖 새들이 허공에서 갖가지 아름다운 소리를 내고 있는데, 이 모두가 아미타불께서 일부러 만들어 놓으신 것이라는걸 그대들은 모두 보았느냐?”

미륵보살이 말씀드렸다.

“부처님의 말씀과 같이 하나하나 모두 보았습니다.”

부처님께서 미륵보살에게 말씀하셨다.

“극락의 사람들 중에는 태로 태어난 태생들이 있는데, 그들도 보았느냐?”

미륵보살이 말씀드렸다.

“세존이시여, 저는 극락세계에 태생으로 태어난 자들을 보았는데, 그들은 마치 야마천의 궁전에 살고 있는 것 같았습니다. 또 연꽃속에서 가부좌를 하고 저절로 화생으로 태어난 사람들도 보았습니다. 어떤 이유로 극락의 사람들에게는 태생과 화생의 구별이 있는 것입니까?”

의심하는 중생들이 가는 곳

부처님께서 미륵보살에게 말씀하셨다.

"어떤 중생들은 의심을 품은채 모든 공덕을 닦으면서 극락에 왕생하기를 원한다. 그것은 그들이 부처님께서 지니신 다섯가지 큰 지혜 즉, 불지·부사의지·불가칭지·대승광지·무등무륜최상승지에 대해서 알지 못하기 때문이다.

이 모든 지혜에 대해서는 의심해서 믿지 않고, 오히려 죄와 복만을 믿으면서 선근을 닦아 극락에 태어나기를 원한다. 또 어떤 중생들은 선근을 쌓고, 불지·보편지·무등지·위덕광대부사의지 얻기를 바라면서도 자신의 선근에 대해서는 믿음을 내지 못한다. 그래서 청정한 불국토에 왕생하려는 마음이 머뭇거리고, 한결같지도 못하다.

하지만 염불이 끊어지지 않고 계속 이어진다면, 그 착한 서원이 근본이 되고 결실을 맺어서 왕생할 수 있게 된다.

이 모든 중생들은 이런 이유 때문에 극락에 왕생하더라도 아미타불의 처소에 가지 못하고, 극락의 변두리인 칠보성에서 멈추게 된다. 부처님께서 그렇게 만드신 것이 아니라, 자신들의 행위가 그렇게 만들어서 마음이 저절로 그곳으로 향할 뿐이다. 칠보성에도 보배연못과 보배연꽃이 있어서 저절로 몸을 받아 태어나고, 음식과 즐거움도 도리천과 같다. 하지만 성 밖으로 나갈 수 없고, 살고 있는 궁전이 땅 위에만 있어서 마음대로 높거나 크게 만들 수도 없다. 또한 500년 동안 항상 부처님을 뵙지 못하고, 법문을 듣지 못하며, 보살·성문·성중들을 보지 못한다. 그들은 지혜가 밝지 못하고, 경전에 대해서도 아는 것이 적으며, 마음 또한 닫혀 있어서 마음이 즐겁지 못하다. 이런 까닭으로 그들을 태생이라고 하는 것이다. 하지만 어떤 중생이라도 부처님께서 지니신 불지와 나머지 수승한 지혜들을 분명히 믿고, 의심을 끊어 없애며, 자신의 선근에 대해서도 믿음을 내면서 모든 공덕을 지어 지극한 마음으로 극락에 왕생하길 원한다면 칠보연꽃 속에 저절로 화생으로 태어나서 가부좌를 하고 앉게 된다. 그런후 잠깐만 지나면 상호·광명·지혜·공덕이 다른 모든 보살들과 똑같이 갖추어진다.

미륵이여, 화생한 사람들은 지혜가 수승하다는 것을 마땅히 알아야 한다. 태생한 사람들은 500년 동안 삼보를 뵙지 못하고, 보살행에 대해서 알지 못하기 때문에 공덕을 닦지 못하며, 아미타불을 받들어 모시지도 못한다. 이런 사람들은 전생에 지혜가 없었고, 의심만 했기 때문에 이렇게 되었다는 것을 마땅히 알아야 한다."

41품

의심이 끊어져야 부처님을 뵙게 된다

"예를들어 전륜성왕에게는 칠보로 만든 감옥이 있는데, 왕자들이 죄를 지어서 그 속에 가두어 놓았다고 가정해보자. 감옥 안에 있는 여러층의 누각·아름다운 궁전·보배장막·금으로 만든 평상·창문·의자 등은 모두 진귀한 보배로 아름답게 장식되어 있고, 음식과 옷도 전륜성왕과 똑같이 공급받게 된다. 하지만 왕자들의 두 발을 금사슬로 묶어 놓았다면, 어린 왕자들이 그곳을 좋아 하겠느냐?"

미륵보살이 말씀드렸다.

"아닙니다. 세존이시여. 그들이 묶여있다면 마음 또한 자유롭지 못해서 어떤 방법을 써서라도 그곳을 벗어나려고 할것입니다. 가까운 신하들에게 도움을 청하겠지만 결국 원하는대로 되지 않을 것이고, 전륜성왕의 마음이 풀려야만 비로소 왕자들이 풀려날 수 있을 것입니다."

부처님께서 미륵보살에게 말씀하셨다.

"이 모든 중생들 또한 그와 같다. 의심과 후회에 빠져서 불지와 광대지 얻기를 바라지 못했고, 자신의 선근에 대해서도 믿을을 내지 못했다. 아미타불의 이름을 듣고 믿음을 일으킨 까닭에 극락에 왕생하게 된다. 하지만 연꽃 밖으로는 나올수 없다. 그들은 연꽃의 태속에 있는 것을 마치 정원이나 궁전에 있는것과 같이 생각한다. 왜냐하면, 연꽃의 태속이 청정해서 어떤 더러움도 없기 때문이다. 하지만 연꽃의 태속에서는 500년동안 삼보를 뵙지 못하고, 모든 부처님들께 공양을 올리지 못하며, 모든 부처님들을 받들어 모시지도 못하고, 모든 수승한 선근을 닦지도 못한다. 이것이 태생한 이들에게는 괴로운 일이라서 오히려 그곳을 좋아하지 않게 되는 것이다. 하지만 이런 중생들도 자신들이 지은 죄를 깨달아 스스로 깊이 참회하면서 그곳을 떠나길 원한다면 과거에 지은 잘못이 다 없어지고 나서 그곳을 벗어나게 되고, 벗어난 즉시 아미타불의 처소에 나아가서 경법을 들을 수 있게 된다.

그렇게 오랜 시간이 지나면 마음이 열려서 법열을 느끼게 되고, 무수무량한 모든 부처님들께 공양을 올릴 수도 있게 되며, 모든 선근을 닦을 수도 있게 된다.

그대 미륵이여, 의심이 모든 보살들에게 큰 손해가 되고, 큰 이익을 잃어버리게 만든다는 것을 마땅히 알아야 한다. 그러므로 모든 부처님들의 위없는 지혜를 분명히 믿어야 한다."

미륵보살이 부처님께 여쭈었다.

"왜 이 세계의 중생들은 선을 닦으면서도 극락에 왕생하기를 원하지 않는 것입니까?"

부처님께서 미륵보살에게 말씀하셨다.

"이 세계의 중생들은 지혜가 미천해서 극락세계가 천상세계보다 못한 곳이고, 즐겁지 않은 곳이라고 잘못 생각하고 있기 때문에 극락에 왕생하기를 원하지 않는 것이다."

미륵보살이 부처님께 여쭈었다.

"이 중생들이 잘못된 생각으로 극락에 왕생하기를 원하지 않고 있으니, 어떻게 해야 생사윤회에서 벗어날 수가 있겠습니까?"

부처님께서 말씀하셨다.

"그 중생들은 자신들이 지어놓은 선근에 대해서 집착을 버리지 못하고 있고, 부처님의 지혜를 구하지 않으면서 세간의 즐거움과 인간의 복보에만 깊이 집착하고 있다. 비록 그들이 복을 받는다 해도 그것은 인천의 과보일 뿐이다. 과보를 받을 때는 모든 것이 풍족하다 할지라도 결코 삼계의 감옥에서는 벗어날 수가 없다.

설령 부모 · 처자식 · 그외 남녀 가족들이 구해주려고 해도 사견과 업력이 너무 무거워서 버리고 떠나지를 못한다.

그래서 항상 윤회하면서 자유로움을 얻지 못하는 것이다. 그대는 어리석은 사람들의 모습을 보라. 선근을 심지는 않고 단지 세간의 지혜와 말솜씨로 사견만 늘어나게 하고 있으니, 어떻게 생사의 큰 고난에서 벗어날 수가 있겠는가? 또 어떤 중생들은 비록 선근을 심고, 큰 복을 지었지만 자신의 선행에 대해 집착하고 분별하는 감정적인 애착이 너무 강해서 윤회에서 벗어나려고 해도 끝내 벗어나지를 못한다. 만약 집착함이 없는 지혜로 온갖 공덕을 심으면 몸과 마음이 청정해지고, 분별을 멀리 떠날 수 있게 된다. 그런 마음가짐으로 극락에 왕생하기를 원하고, 부처님의 깨달음을 향해 나아간다면 반드시 이번 생에 극락에 왕생해서 영원한 해탈을 얻게 될 것이다."

시방세계 보살들이 극락에 왕생한다

미륵보살이 부처님께 여쭈었다.

"지금 이 사바세계와 모든 불국토의 불퇴전보살들 중에 극락에 왕생하게 될 보살들의 수는 얼마나 됩니까?"

부처님께서 미륵보살에게 말씀하셨다.

"이 세계에 있는 720억 보살들은 이미 오래전부터 무수한 모든 부처님들께 공양을 올려왔고, 온갖 공덕을 심어왔기 때문에 극락에 왕생할 것이다. 또한 모든 수행이 작은 보살들도 공덕을 닦고 익히기 때문에 극락에 왕생할 것이며, 그 수는 셀 수도 없이 많다. 나의 불국토에 있는 보살들만 극락에 왕생하는 것이 아니라, 다른 불국토에 있는 보살들 또한 극락에 왕생할 것이다.

원조부처님 국토에서는 18구지나유타 보살마하살들이 극락에 왕생할 것이고, 동북방에 있는 보장부처님 국토에서는 90억 불퇴전보살들이 극락에 왕생할 것이다.

또한 무량음부처님 국토·광명부처님 국토·용천부처님 국토·승력부처님 국토·사자부처님 국토·이진부처님 국토·덕수부처님 국토·인왕부처님 국토·화당부처님 국토에서 극락에 왕생하게 될 불퇴전보살들의 수는 수백에서 수천억 혹은 만억에 이른다.

열두 번째 부처님은 무상화부처님이신데, 그곳에는 무수히 많은 보살들이 있다. 그들은 모두 불퇴전보살로서 지혜롭고, 용맹스러우며, 이미 오래전부터 무량한 모든 부처님들께 공양을 올려왔고, 대정진을 갖추고 있으며, 발심해서 일승을 향해 나아가고 있다. 그들은 다른 보살들이 백천억 겁을 닦아야 얻을 수 있는 견고한 법력을 불과 7일 안에 성취해낸 이들이다. 이 보살들도 모두 극락에 왕생할 것이다.

열세 번째 부처님은 무외부처님이시고, 그곳에는 790억 대보살들과 그 외 모든 소보살들과 비구들도 셀 수 없이 많은데, 그들도 모두 왕생할 것이다.

시방세계 모든 부처님들의 이름과 극락에 왕생하게 될 보살들의 이름만 말한다고 해도, 겁이 다하기 전에는 다할 수 없다."

염불하는 사람은 소승이 아니며, 부처님 법에서 제일가는 제자이다

부처님께서 미륵보살에게 말씀하셨다.

"그대는 저 모든 보살마하살들이 훌륭하게 이익을 얻고 있는 것을 보아라. 어떤 선남자·선여인이라도 아미타불의 이름을 듣고 한 번만이라도 기뻐하고 좋아하는 마음을 일으켜서 귀의하고, 우러러 예배하며, 가르침대로 수행한다면 이 사람은 큰 이익을 얻게 된다는 것을 알아야 하고, 위에서 말한것과 같은 공덕을 얻게 된다는 것을 알아야 한다. 또한 이 사람은 어떤 하열한 마음도 없을 것이고, 자만하지도 않을 것이며, 선근을 성취할 것이고, 성취한 그 선근을 더욱 키워나갈 것이다. 이 사람은 소승이 아니며, 나의 법에서 제일가는 제자임을 마땅히 알아야 한다. 그러므로 그대들 천인·인간·아수라 등에게 말하노니, 이 법문을 닦아 익히길 좋아하고 즐거워해야 하며, 만나기 어렵다는 생각을 내어야 한다. 또한 이 경전 안에 나를 인도해주시는 스승이 있다고 생각해야 한다.

무량한 중생들을 빨리 불퇴전에 머물게 하길 원하거나, 저 광대하고 장엄한 극락세계의 모습을 보길 원하거나, 저 수승한 극락세계의 원만한 공덕을 성취하길 원한다면 마땅히 정진심을 일으켜서 이 법문을 들어야 한다.

또한 이 법문을 구하고자 하는 까닭에 굽히고, 아첨하고, 속이는 마음을 내어서는 안된다. 설령 큰 불속으로 들어간다 해도 결코 의심하거나 후회해서는 안된다. 왜냐하면 저 무량한 모든 보살들도 모두 다 이 미묘한 법문을 구하고 있고, 존중해서 들으며, 거스르는 마음을 내지 않기 때문이다. 또한 많은 보살들이 이 경전을 듣고 싶어해도 결코 쉽게 들을 수 없기 때문이다. 그러므로 그대들은 마땅히 이 법을 구해야 한다."

보리의 수기를 받다

"만약 정법이 멸할 때 까지 어떤 중생이 모든 선근을 심는다면, 또 오래 전부터 무량한 모든 부처님들께 공양을 올려왔다면, 그는 그 모든 부처님들의 위신력 덕분에 이와 같은 광대한 법문을 얻게 될 것이다.

그리고 이 법문을 받아들여 수행한다면, 광대한 일체지지를 얻게 될 것이다. 이 법문을 수행해서 철저히 이해하고 큰 기쁨을 얻고 난 다음에는 다른 사람들을 위해 널리 설해주고, 항상 즐겁게 수행할 수 있도록 만들어 주어야 한다. 모든 선남자·선여인 중에 이 법을 이미 구했거나, 지금 구하고 있거나, 미래에 구하게 될 사람들은 모두 다 훌륭한 이익을 얻게 될 것이다. 그러니 그대들은 마땅히 이 법에 편안히 머무르면서 의심하는 마음 없이 모든 선근을 심어야 하고, 항상 닦고 익혀서 의심과 장애가 없도록 해야 한다. 그러면 갖가지 진귀한 보배로 이루어진 감옥 속으로 들어가지 않게 될 것이다.

미륵이여, 이와 같은 여러 가지 큰 위덕이 있고, 또 불법 중에서 광대하고 특별한 법문을 보여줄수 있는 사람들 일지라도 이 염불법문을 듣지 못한 까닭으로 1억명의 보살들이 아뇩다라삼먁삼보리에서 물러나게 된다.

어떤 중생이라도 이 무량수경을 사경·공양·수지·독송하거나, 잠깐 만 이라도 다른 사람들을 위해 연설하고 듣기를 권해서 그들의 근심과 번뇌가 생기지 않도록 하거나, 밤낮으로 극락세계와 아미타불의 공덕 을 생각하게 한다면 그는 위없는 도에서 결코 물러나지 않게 될 것이 다. 그 사람은 목숨이 다할 때 설령 삼천대천세계가 큰 불로 가득찬다 해도 반드시 그것을 뚫고 나아가서 극락에 왕생하게 될 것이다. 이 사 람은 이미 오래전에 부처님을 뵙고 수기를 받은 적이 있었으며, 지금은 모든 부처님들께서도 다 함께 칭찬해주고 계신다.

그러므로 반드시 이 무량수경을 한마음으로 믿고, 받아지닌 다음 독송 하고 연설하며, 가르침대로 실천해야 한다."

말세에는 오직 이 무량수경만 남는다

"나는 지금 모든 중생들을 위해 무량수경을 설하였고, 아미타불을 친견하게 하였으며, 극락에 있는 모든 것들을 보여주었다. 그러니 그대들은 모두 극락에 왕생하기를 원해야 한다. 그리고 내가 열반에 든 뒤에는 다시 의심을 일으켜서는 안된다. 미래 세상에 경전의 가르침이 사라진다 해도, 나는 자비심으로 중생들을 가엾이 여겨 특별히 이 무량수경만은 100년을 더 세상에 머물게 할 것이다. 그 어떤 중생이라도 이 무량수경을 만난다면 원하는 대로 모두 다 제도를 받게 될 것이다.

부처님께서 게시는 세상에 태어나기 어렵고, 부처님을 직접 뵙는 것 또한 어렵다. 모든 부처님들 경전의 가르침을 얻기 어렵고, 듣기도 어려우며, 선지식을 만나서 법을 듣고 잘 수행하는 것 또한 어렵다. 그중에서도 이 무량수경을 듣고서 믿고 좋아하면서 받아 지니는 것은, 어려운 일중에 가장 어려운 일로써 이보다 더 어려운 일은 없다. 만약 어떤 중생이 아미타불의 이름을 듣고서 자비심과 청정심이 일어나거나, 뜰뜻이 기뻐하거나, 몸의 털이 곤두서거나, 눈물이 흐른다면 모두 다 과거 세상에서 불도를 닦았기 때문이다. 그러므로 이런 사람은 결코 보통 사람이 아니다. 만약 아미타불의 이름을 듣고도 마음속에 여우같은 의심이 생기고, 경전의 말씀에 대해서도 믿음이 생기지 않는다면 이런 사람들은 모두 다 악도에서 바로 나왔기 때문이다. 그들은 과거 세상의 재앙이 아직 다하지 않아서 이번 생에 해탈하지 못한다. 그래서 여우같이 의심만 할뿐 믿지도, 귀 기울여 들을려고도 하지 않는 것이다."

부지런히 닦고 굳게 지녀라

부처님께서 미륵보살에게 말씀하셨다.

"모든 부처님들의 위없는 법 · 10력 · 4무소외 · 무애 · 무착과 같은 매우 깊은 법 그리고 육바라밀과 같은 보살의 법은 쉽게 만날 수 없다. 설법을 잘 하는 사람 일지라도 이 염불법문을 열어서 보여주기 어렵고, 이 염불법문에 대해서 깊고 견고한 믿음을 가진 사람을 제때 만나기도 어렵다. 하지만 나는 지금 이치에 맞게 이와 같이 광대하고 미묘한 염불법문을 펼쳐 보이고 있다. 모든 부처님들께서도 칭찬하시는 이 염불법문을 그대들에게 부촉하나니, 그대들이 잘 지키고 보호하도록 하라.

모든 중생들이 길고 긴 시간동안의 어둠을 벗어나는 이익을 얻도록 해야하고, 그 중생들이 오악취에 떨어져서 위험과 괴로움을 받는 일이 없도로 해야한다. 부지런히 수행해서 나의 가르침을 잘 따라야 하고, 부처님께 효순해야 하며, 항상 스승의 은혜를 생각해야 한다. 또한 이 법이 멸하지 않고 오랫동안 세상에 머물 수 있도록 해야 하고, 견고한 믿음으로 지녀서 훼손되거나 잃어버리는 일이 없도록 해야 하며, 제멋대로 경전의 원문을 더하거나 줄이지도 말아야 한다. 항상 끊임없이 무량수경을 독송하고, 아미타불을 염불한다면 빨리 도를 얻게 될 것이다.

나의 법이 이와 같아서, 이와 같이 말하는 것이다. 그러니 그대들도 여래가 행한 것을 따라 실천해야 하고, 부디 복을 심고 선을 닦아서 극락에 왕생하기를 원해야 한다."

47품

복과 지혜가 있어야
무량수경을 들을 수 있다

그때 부처님께서 게송으로 말씀하셨다.

과거 생에 복과 지혜 닦아놓지 못했다면
이 정법을 들을길 없고,
모든 부처님들께 공양 올린적 있었기에
기뻐하며 이 법문을 믿을 수 있네.

악하고, 교만하며, 게으르고, 사견가진 사람은
여래의 미묘한 법에 믿음 내기 어렵기가,
마치 눈먼 사람이 어둠속에 항상 있어서
다른 사람에게 길을 알려주지 못하는 것과 같네.

부처님들께 온갖 선근 심었어야만
세상 구하는 행 닦을 수 있고,
듣고 나서 수지하고 사경할 수 있으며,
또한 독송하고 칭찬하며 실천하고 공양올릴 수 있네.

이와 같이 한마음으로 왕생하길 구한다면
반드시 극락에 왕생할 것이고,
온 세상이 큰 불로 가득찬다 해도 부처님의 위신력으로
모두 다 뛰어넘고 반드시 극락에 왕생하게 되리라.

여래의 깊고 광대한 지혜의 바다는
오직 부처님들 끼리만 아실수 있어서,
성문들이 억겁동안 생각하고 그들의 신통력을 다해도
부처님의 지혜는 추측조차 할수없네.

여래의 공덕 또한 부처님들만 아실 수 있고,
오직 세존만이 열어 보여줄 수 있네.
사람 몸 얻기 어렵고, 부처님 뵙기 또한 어렵지만,
그중에서도 믿음과 지혜로 이 염불법문 듣는 것이
어려운 가운데 가장 어려운 일이네.

모든 중생들이 부처가 되면
보현행을 뛰어넘고 저 언덕에 오르게 되리라.
그러므로 많이 듣고 많이 아는 보살들은
나의 진실한 가르침을 믿어야 하네.

이와 같은 미묘한 법문 다행히도 들었으니,

항상 염불하며 환희심을 내어야 하네.

이 염불법문 받아지녀서 생사에 윤회하는 중생들 제도해 준다면,

부처님께서도 이 사람을 '참된 벗'이라고 칭찬하시리라.

무량수경을 듣고 모두가 큰 이익을 얻다

"부처님께서 이 무량수경을 설하실 때, 천인과 세간의 1만2천 나유타 억 중생들은 번뇌를 멀리 떠나서 청정한 법안을 얻었고, 20억 중생들은 아나함과를 얻었으며, 6천8백 비구들은 모든 번뇌를 끊고 아라한과를 얻었다.

그리고 40억 보살들은 무상보리에서 뒤로 물러나지 않는 불퇴전을 얻었고, 큰 서원을 세운 공덕으로 스스로를 장엄하였다. 또 25억 중생들은 무생법인을 얻었고, 4만억 나유타백천 중생들은 무상보리에 일찍이 마음을 일으킨 적이 없다가 지금 처음으로 발심해서 모든 선근을 심고 극락에 왕생해서 아미타불 뵙기를 서원하였다.

이 중생들 모두가 아미타불의 극락세계에 왕생하게 될 것이고, 각자가 다른 불국토로 가서 차례대로 성불하게 될 것이며, 그 이름은 똑같이 묘음여래가 될 것이다. 또한 시방 불국토에서 지금 왕생하거나, 미래에 왕생해서 아미타불을 뵙게 될 자들은 각 세계마다 8만 구지나유타 중생들이 있고, 그들 모두가 수기를 받아 무생법인을 얻고 무상보리를 성취하게 될 것이다. 저 모든 중생들은 아미타불께서 예전에 발원하신 인연 덕분에 모두 극락에 왕생하게 될 것이다.

그때 삼천대천세계는 여섯가지로 진동하였고, 갖가지 희유하고 신기한 현상들이 나타났으며, 큰 광명이 시방세계를 널리 비추었다. 또한 모든 천인들이 하늘에서 아름다운 음악을 연주하면서 따라 기뻐하는 소리를 내었다. 색계천의 모든 천인들까지도 이 법문을 다 함께 들었고, 부처님께서 말씀하신 이 무량수경의 법문은 단 한번도 들어본 적이 없는 미묘한 법문이라고 찬탄하면서 수없이 많은 아름다운 꽃들을 흩날리게 하였다.

아난존자와 미륵보살 그리고 모든 보살·성문·천룡팔부·그외 모든 대중들은 부처님의 설법을 듣고 모두 크게 기뻐하면서 믿고 받아들였으며, 받들어 실천하였다.”

統合無量壽經
（漢字 原文）

法會聖眾第一

如是我聞。一時佛在王舍城耆闍崛山中，與大比丘眾萬二千人俱。一切大聖神通已達。其名曰：尊者憍陳如、尊者舍利弗、尊者大目犍連、尊者迦葉、尊者阿難等，而為上首。又有普賢菩薩、文殊師利菩薩、彌勒菩薩，及賢劫中一切菩薩，皆來集會。

德遵普賢第二

又賢護等十六正士，所謂善思惟菩薩、慧辯才菩薩、觀無住菩薩、神通華菩薩、光英菩薩、寶幢菩薩、智上菩薩、寂根菩薩、信慧菩薩、願慧菩薩、香象菩薩、寶英菩薩、中住菩薩、制行菩薩、解脫菩薩，而為上首。

咸共遵修普賢大士之德，具足無量行願，安住一切功德法中。遊步十方，行權方便。入佛法藏，究竟彼岸。願於無量世界成等正覺。捨兜率，降王宮，棄位出家，苦行學道，作斯示現，順世間故。以定慧力，降伏魔怨。得微妙法，成最正覺。天人歸仰，請轉法輪。常以法音，覺諸世間。破煩惱城，壞諸欲塹。洗濯垢污，顯明清白。

調眾生，宣妙理，貯功德，示福田。以諸法藥，救療三苦。昇灌頂階，授菩提記。為教菩薩，作阿闍黎，常習相應無邊諸行。成熟菩薩無邊善根，無量諸佛咸共護念，諸佛剎中皆能示現。譬善幻師，現眾異相，於彼相中，實無可得。此諸菩薩，亦復如是。

通諸法性，達眾生相。供養諸佛，開導群生。化現其身，猶如電光。裂魔見網，解諸纏縛。遠超聲聞辟支佛地，入空、無相、無願法門。善立方便，顯示三乘。於此中下，而現滅度。得無生無滅諸三摩地，及得一切陀羅尼門。隨時悟入華嚴三昧，具足總持百千三昧。住深禪定，悉覩無量諸佛。於一念頃，徧遊一切佛土。得佛辯才，住普賢行。善能分別眾生語言，開化顯示真實之際。

超過世間諸所有法，心常諦住度世之道。於一切萬物隨意自在，為諸庶類作不請之友。受持如來甚深法藏，護佛種性常使不絕。興大悲，愍有情，演慈辯，授法眼，杜惡趣，開善門。於諸眾生，視若自己，拯濟負荷，皆度彼岸。悉獲諸佛無量功德，智慧聖明，不可思議。

如是等諸大菩薩，無量無邊，一時來集。又有比丘尼五百人，清信士七千人，清信女五百人，欲界天，色界天，諸天梵眾，悉共大會。

大教緣起第三

爾時世尊威光赫奕，如融金聚，又如明鏡，影暢表裏，現大光明數千百變。尊者阿難即自思惟，今日世尊色身諸根悅豫清淨，光顏巍巍，寶刹莊嚴，從昔以來所未曾見。喜得瞻仰，生希有心。即從座起，偏袒右肩，長跪合掌，而白佛言：世尊今日入大寂定，住奇特法，住諸佛所住導師之行，最勝之道。去來現在佛佛相念，為念過去未來諸佛耶？為念現在他方諸佛耶？何故威神顯耀、光瑞殊妙乃爾，願為宣說。

於是世尊，告阿難言：善哉善哉！汝為哀愍利樂諸眾生故，能問如是微妙之義。汝今斯問，勝於供養一天下阿羅漢、辟支佛，布施累劫諸天人民、蜎飛蠕動之類，功德百千萬倍。何以故？當來諸天人民，一切含靈，皆因汝問而得度脫故。

阿難，如來以無盡大悲，矜哀三界，所以出興於世。光闡道教，欲拯羣萌，惠以真實之利，難值難見，如優曇花，希有出現。汝今所問，多所饒益。阿難當知，如來正覺，其智難量，無有障礙。能於念頃，住無量億劫。身及諸根，無有增減。所以者何？如來定慧，究暢無極。於一切法，而得最勝自在故。阿難諦聽，善思念之，吾當為汝，分別解說。

法藏因地第四

佛告阿難：過去無量不可思議無央數劫，有佛出世，名世間自在王如來、應供、等正覺、明行足、善逝、世間解、無上士、調御丈夫、天人師、佛，世尊。在世教授四十二劫，時為諸天及世人民說經講道。有大國主名世饒王，聞佛說法，歡喜開解，尋發無上真正道意。棄國捐王，行作沙門，號曰法藏。修菩薩道，高才勇哲，與世超異。信解明記，悉皆第一。又有殊勝行願，及念慧力，增上其心，堅固不動。修行精進，無能踰者。往詣佛所，頂禮長跪，向佛合掌，即以伽他讚佛，發廣大願，頌曰：

如來微妙色端嚴 一切世間無有等
光明無量照十方 日月火珠皆匿曜
世尊能演一音聲 有情各各隨類解
又能現一妙色身 普使眾生隨類見
願我得佛清淨聲 法音普及無邊界
宣揚戒定精進門 通達甚深微妙法
智慧廣大深如海 內心清淨絕塵勞
超過無邊惡趣門 速到菩提究竟岸
無明貪瞋皆永無 惑盡過亡三昧力
亦如過去無量佛 為彼羣生大導師
能救一切諸世間 生老病死眾苦惱
常行布施及戒忍 精進定慧六波羅
未度有情令得度 已度之者使成佛
假令供養恒沙聖 不如堅勇求正覺
願當安住三摩地 恒放光明照一切
感得廣大清淨居 殊勝莊嚴無等倫
輪迴諸趣眾生類 速生我剎受安樂

常運慈心拔有情 度盡無邊苦眾生

我行決定堅固力 唯佛聖智能證知

縱使身止諸苦中 如是願心永不退

至心精進第五

法藏比丘說此偈已，而白佛言：我今為菩薩道，已發無上正覺之心，取願作佛，悉令如佛。願佛為我廣宣經法，我當奉持，如法修行，拔諸勤苦生死根本，速成無上正等正覺。欲令我作佛時，智慧光明，所居國土，教授名字，皆聞十方。諸天人民及蜎蠕類，來生我國，悉作菩薩。我立是願，都勝無數諸佛國者，寧可得否？

世間自在王佛，即為法藏而說經言：譬如大海一人斗量，經歷劫數尚可窮底。人有至心求道，精進不止，會當剋果，何願不得。汝自思惟，修何方便，而能成就佛刹莊嚴。如所修行，汝自當知。清淨佛國，汝應自攝。

法藏白言：斯義宏深，非我境界。惟願如來應正徧知，廣演諸佛無量妙刹。若我得聞如是等法，思惟修習，誓滿所願。世間自在王佛知其高明，志願深廣，即為宣說二百一十億諸佛刹土功德嚴淨、廣大圓滿之相，應其心願，悉現與之。說是法時，經千億歲。

爾時法藏聞佛所說，皆悉覩見，起發無上殊勝之願。於彼天人善惡，國土麤妙，思惟究竟。便一其心，選擇所欲，結得大願。精勤求索，恭慎保持。修習功德，滿足五劫。於彼二十一俱胝佛土功德莊嚴之事，明了通達，如一佛刹。所攝佛國，超過於彼。

既攝受已，復詣世自在王如來所，稽首禮足，繞佛三匝，合掌而住，白言世尊：我已成就莊嚴佛土，清淨之行。佛言：善哉！今正是時，汝應具說，令眾歡喜。亦令大眾，聞是法已，得大善利。能於佛刹，修習攝受，滿足無量大願。

發大誓願第六

法藏白言：唯願世尊，大慈聽察。

我若證得無上菩提，成正覺已，所居佛刹，具足無量不可思議功德莊嚴。無有地獄、餓鬼、禽獸、蜎飛蠕動之類。所有一切眾生，以及焰摩羅界，三惡道中，來生我刹，受我法化，悉成阿耨多羅三藐三菩提，不復更墮惡趣。得是願，乃作佛，不得是願，不取無上正覺。（一、國無惡道願；二、不墮惡趣願；）

我作佛時，十方世界，所有眾生，令生我刹，皆具紫磨真金色身，三十二種大丈夫相。端正淨潔，悉同一類。若形貌差別，有好醜者，不取正覺。（三、身悉金色願；四、三十二相願；五、身無差別願；）

我作佛時，所有眾生，生我國者，自知無量劫時宿命所作善惡。

皆能洞視徹聽，知十方去來現在之事。不得是願，不取正覺。（六、
宿命通願；七、天眼通願；八、天耳通願；）

我作佛時，所有眾生，生我國者，皆得他心智通。若不悉知億那
由他百千佛刹，眾生心念者，不取正覺。（九、他心通願；）

我作佛時，所有眾生，生我國者，皆得神通自在，波羅密多。於
一念頃，不能超過億那由他百千佛刹，周徧巡歷供養諸佛者，不
取正覺。（十、神足通願；十一、徧供諸佛願；）

我作佛時，所有眾生，生我國者，遠離分別，諸根寂靜。若不決
定成等正覺，證大涅槃者，不取正覺。（十二、定成正覺願；）

我作佛時，光明無量，普照十方，絕勝諸佛，勝於日月之明千萬
億倍。若有眾生，見我光明，照觸其身，莫不安樂，慈心作善，
來生我國。若不爾者，不取正覺。（十三、光明無量願；十四、觸光
安樂願；）

我作佛時，壽命無量，國中聲聞天人無數，壽命亦皆無量。假令
三千大千世界眾生，悉成緣覺，於百千劫，悉共計校，若能知其
量數者，不取正覺。（十五、壽命無量願；十六、聲聞無數願；）

我作佛時，十方世界，無量刹中，無數諸佛，若不共稱嘆我名，
說我功德國土之善者，不取正覺。（十七、諸佛稱嘆願；）

我作佛時，十方眾生，聞我名號，至心信樂，所有善根，心心回
向，願生我國，乃至十念，若不生者，不取正覺。唯除五逆，誹
謗正法。（十八、十念必生願；）

我作佛時，十方眾生，聞我名號，發菩提心，修諸功德，奉行六
波羅密，堅固不退。復以善根迴向，願生我國，一心念我，晝夜

不斷。臨壽終時，我與諸菩薩眾，迎現其前，經須臾間，即生我剎，作阿惟越致菩薩。不得是願，不取正覺。（十九、聞名發心願；二十、臨終接引願；）

我作佛時，十方眾生，聞我名號，繫念我國，發菩提心，堅固不退。植眾德本，至心迴向，欲生極樂，無不遂者。若有宿惡，聞我名字，即自悔過，為道作善，便持經戒，願生我剎，命終不復更三惡道，即生我國。若不爾者，不取正覺。（二十一、悔過得生願；）

我作佛時，國無婦女。若有女人，聞我名字，得清淨信，發菩提心，厭患女身，願生我國。命終即化男子，來我剎土。十方世界諸眾生類，生我國者，皆於七寶池蓮華中化生。若不爾者，不取正覺。（二十二、國無女人願；二十三、厭女轉男願；二十四、蓮華化生願；）

我作佛時，十方眾生，聞我名字，歡喜信樂，禮拜歸命。以清淨心，修菩薩行，諸天世人，莫不致敬。若聞我名，壽終之後，生尊貴家，諸根無缺，常修殊勝梵行。若不爾者，不取正覺。（二十五、天人禮敬願；二十六、聞名得福願；二十七、修殊勝行願；）

我作佛時，國中無不善名。所有眾生，生我國者，皆同一心，住於定聚。永離熱惱，心得清涼，所受快樂，猶如漏盡比丘。若起想念，貪計身者，不取正覺。（二十八、國無不善願；二十九、住正定聚願；三十、樂如漏盡願；三十一、不貪計身願；）

我作佛時，生我國者，善根無量，皆得金剛那羅延身，堅固之力。身頂皆有光明照耀。成就一切智慧，獲得無邊辯才。善談諸法秘要，說經行道，語如鐘聲。若不爾者，不取正覺。(三十二、那羅延身願；三十三、光明慧辯願；三十四、善談法要願；)

我作佛時，所有眾生，生我國者，究竟必至一生補處。除其本願為眾生故，被弘誓鎧，教化一切有情，皆發信心，修菩提行，行普賢道。雖生他方世界，永離惡趣。或樂說法，或樂聽法，或現神足，隨意修習，無不圓滿。若不爾者，不取正覺。(三十五、一生補處願；三十六、教化隨意願；)

我作佛時，生我國者，所須飲食、衣服、種種供具，隨意即至，無不滿願。十方諸佛，應念受其供養。若不爾者，不取正覺。(三十七、衣食自至願；三十八、應念受供願；)

我作佛時，國中萬物，嚴淨光麗，形色殊特，窮微極妙，無能稱量。其諸眾生，雖具天眼，有能辨其形色、光相、名數，及總宣說者，不取正覺。(三十九、莊嚴無盡願；)

我作佛時，國中無量色樹，高或百千由旬。道場樹高，四百萬里。諸菩薩中，雖有善根劣者，亦能了知。欲見諸佛淨國莊嚴，悉於寶樹間見，猶如明鏡，睹其面像。若不爾者，不取正覺。(四十、無量色樹願；四十一、樹現佛剎願；)

我作佛時，所居佛剎，廣博嚴淨，光瑩如鏡，徹照十方無量無數不可思議諸佛世界。眾生覩者，生希有心。若不爾者，不取正覺。(四十二、徹照十方願；)

我作佛時，下從地際，上至虛空，宮殿樓觀，池流華樹，國土所有一切萬物，皆以無量寶香合成。其香普熏十方世界。眾生聞者，皆修佛行。若不爾者，不取正覺。(四十三、寶香普熏願；)

我作佛時，十方佛剎諸菩薩眾，聞我名已，皆悉逮得清淨、解脫、普等三昧，諸深總持。住三摩地，至於成佛。定中常供無量無邊一切諸佛，不失定意。若不爾者，不取正覺。(四十四、普等三昧願；四十五、定中供佛願；)

我作佛時，他方世界諸菩薩眾，聞我名者，證離生法，獲陀羅尼。清淨歡喜，得平等住。修菩薩行，具足德本。應時不獲一二三忍，於諸佛法，不能現證不退轉者，不取正覺。(四十六、獲陀羅尼願；四十七、聞名得忍願；四十八、現證不退願。)

必成正覺第七

佛告阿難：爾時法藏比丘說此願已，以偈頌曰：

我建超世志 必至無上道 斯願不滿足 誓不成等覺

復為大施主 普濟諸窮苦 令彼諸羣生 長夜無憂惱

出生眾善根 成就菩提果 我若成正覺 立名無量壽

眾生聞此號 俱來我剎中 如佛金色身 妙相悉圓滿

亦以大悲心 利益諸羣品 離欲深正念 淨慧修梵行

願我智慧光 普照十方剎 消除三垢冥 明濟眾厄難

悉捨三途苦 滅諸煩惱暗 開彼智慧眼 獲得光明身

閉塞諸惡道 通達善趣門 為眾開法藏 廣施功德寶

如佛無礙智 所行慈愍行 常作天人師 得為三界雄

說法獅子吼 廣度諸有情 圓滿昔所願 一切皆成佛
斯願若尅果 大千應感動 虛空諸天神 當雨珍妙華
佛告阿難：法藏比丘說此頌已，應時普地六種震動。天雨妙華，
以散其上。自然音樂空中讚言，決定必成無上正覺。

積功累德第八

阿難，法藏比丘於世自在王如來前，及諸天人大眾之中，發斯弘
誓願已，住真實慧，勇猛精進，一向專志莊嚴妙土。所修佛國，
開廓廣大，超勝獨妙，建立常然，無衰無變。於無量劫，積植德
行。不起貪瞋痴欲諸想，不著色聲香味觸法。但樂憶念過去諸佛，
所修善根。行寂靜行，遠離虛妄。依真諦門，植眾德本。不計眾
苦，少欲知足。專求白法，惠利羣生。志願無倦，忍力成就。於諸
有情，常懷慈忍 和顏愛語，勸諭策進。恭敬三寶，奉事師長。
無有虛偽諂曲之心。莊嚴眾行，軌範具足。觀法如化，三昧常寂。
善護口業，不譏他過。善護身業，不失律儀。善護意業，清淨無
染。
所有國城、聚落、眷屬、珍寶，都無所著。恒以布施、持戒、忍辱、精
進、禪定、智慧，六度之行，教化安立眾生，住於無上真正之道。
由成如是諸善根故，所生之處，無量寶藏，自然發應。或為長者
居士、豪姓尊貴，或為剎利國王、轉輪聖帝，或為六欲天主，乃至

梵王。於諸佛所，尊重供養，未曾間斷。如是功德，說不能盡。身口常出無量妙香，猶如栴檀、優鉢羅華，其香普熏無量世界。隨所生處，色相端嚴，三十二相、八十種好，悉皆具足。手中常出無盡之寶，莊嚴之具，一切所須，最上之物，利樂有情。由是因緣，能令無量眾生，皆發阿耨多羅三藐三菩提心。

圓滿成就第九

佛告阿難：法藏比丘，修菩薩行，積功累德，無量無邊。於一切法，而得自在。非是語言分別之所能知。所發誓願圓滿成就，如實安住，具足莊嚴、威德廣大、清淨佛土。阿難聞佛所說，白世尊言：法藏菩薩成菩提者，為是過去佛耶？未來佛耶？為今現在他方世界耶？世尊告言：彼佛如來，來無所來，去無所去，無生無滅，非過現未來。但以酬願度生，現在西方，去閻浮提百千俱胝那由他佛剎，有世界名曰極樂。法藏成佛，號阿彌陀。成佛以來，於今十劫。今現在說法。有無量無數菩薩聲聞之眾，恭敬圍繞。

皆願作佛第十

佛說阿彌陀佛為菩薩求得是願時，阿闍王子，與五百大長者，聞之皆大歡喜，各持一金華蓋，俱到佛前作禮。以華蓋上佛已，卻坐一面聽經，心中願言：令我等作佛時，皆如阿彌陀佛。佛即知之，告諸比丘：是王子等，後當作佛。彼於前世住菩薩道，無數劫來，供養四百億佛。迦葉佛時，彼等為我弟子，今供養我，復相值也。時諸比丘聞佛言者，莫不代之歡喜。

國界嚴淨第十一

佛語阿難：彼極樂界，無量功德，具足莊嚴。永無眾苦、諸難、惡趣、魔惱之名。亦無四時、寒暑、雨冥之異。復無大小江海、丘陵坑坎、荊棘沙礫，鐵圍、須彌、土石等山。唯以自然七寶，黃金為地。寬廣平正，不可限極。微妙奇麗，清淨莊嚴，超踰十方一切世界。阿難聞已，白世尊言：若彼國土無須彌山，其四天王天，及忉利天，依何而住？佛告阿難：夜摩、兜率，乃至色無色界，一切諸天，依何而住？阿難白言：不可思議業力所致。佛語阿難：不思議業，汝可知耶？汝身果報，不可思議；眾生業報，亦不可思議；眾生善根，不可思議；諸佛聖力，諸佛世界，亦不可思議。其國眾生，功德善力，住行業地，及佛神力，故能爾耳。阿難白言：業因果報，不可思議。我於此法，實無所惑。但為將來眾生破除疑網，故發斯問。

光明徧照第十二

佛告阿難：阿彌陀佛威神光明，最尊第一。十方諸佛，所不能及。徧照東方恒沙佛剎，南西北方，四維上下，亦復如是。若化頂上圓光，或一二三四由旬，或百千萬億由旬。諸佛光明，或照一二佛剎，或照百千佛剎。惟阿彌陀佛，光明普照無量無邊無數佛剎。諸佛光明所照遠近，本其前世求道，所願功德大小不同。至作佛時，各自得之。自在所作，不為預計。

阿彌陀佛，光明善好，勝於日月之明千億萬倍。光中極尊，佛中之王。是故無量壽佛，亦號無量光佛，亦號無邊光佛、無礙光佛、無等光佛，亦號智慧光、常照光、清淨光、歡喜光、解脫光、安隱光、超日月光、不思議光。如是光明，普照十方一切世界。其有眾生，遇斯光者，垢滅善生，身意柔軟。若在三途極苦之處，見此光明，皆得休息，命終皆得解脫。若有眾生聞其光明威神功德，日夜稱說，至心不斷，隨意所願，得生其國。

壽眾無量第十三

佛語阿難：無量壽佛，壽命長久，不可稱計。又有無數聲聞之眾，神智洞達，威力自在，能於掌中持一切世界。我弟子中大目犍連，神通第一，三千大千世界所有一切星宿眾生，於一晝夜，悉知其數。假使十方眾生，悉成緣覺，一一緣覺，壽萬億歲，神通皆如大目犍連。盡其壽命，竭其智力，悉共推算，彼佛會中聲聞之數，千萬分中不及一分。譬如大海，深廣無邊，設取一毛，析為百分，碎如微塵。以一毛塵，沾海一滴，此毛塵水，比海孰多？阿難，彼目犍連等所知數者，如毛塵水，所未知者，如大海水。彼佛壽量，及諸菩薩、聲聞、天人壽量亦爾，非以算計譬喻之所能知。

寶樹徧國第十四

彼如來國，多諸寶樹。或純金樹、純白銀樹、琉璃樹、水晶樹、琥珀樹、美玉樹、瑪瑙樹，唯一寶成，不雜餘寶。或有二寶三寶，乃至七寶，轉共合成。根莖枝幹，此寶所成，華葉果實，他寶化作。或有寶樹，黃金為根，白銀為身，琉璃為枝，水晶為梢，琥珀為葉，美玉為華，瑪瑙為果。其餘諸樹，復有七寶，互為根幹枝葉華果，種種共成。各自異行，行行相值，莖莖相望，枝葉相向，華實相當，榮色光曜，不可勝視。清風時發，出五音聲，微妙宮商，自然相和。是諸寶樹，周徧其國。

菩提道場第十五

又其道場，有菩提樹，高四百萬里，其本周圍五千由旬，枝葉四布二十萬里。一切眾寶自然合成。華果敷榮，光暉徧照。復有紅綠青白諸摩尼寶，眾寶之王，以為瓔珞。雲聚寶鏁，飾諸寶柱。金珠鈴鐸，周匝條間。珍妙寶網，羅覆其上。百千萬色，互相映飾。無量光炎，照耀無極。一切莊嚴，隨應而現。微風徐動，吹諸枝葉，演出無量妙法音聲。其聲流布，徧諸佛國。清暢哀亮，微妙和雅，十方世界音聲之中，最為第一。若有眾生，覩菩提樹、聞聲、齅香、嘗其果味、觸其光影、念樹功德，皆得六根清徹，無諸惱患，住不退轉，至成佛道。復由見彼樹故，獲三種忍，一音響忍，二柔順忍，三者無生法忍。佛告阿難：如是佛剎，華果樹木，與諸眾生而作佛事。此皆無量壽佛，威神力故，本願力故，滿足願故，明了、堅固、究竟願故。

<h2 style="text-align:center">堂舍樓觀第十六</h2>

又無量壽佛講堂精舍，樓觀欄楯，亦皆七寶自然化成。復有白珠摩尼以為交絡，明妙無比。諸菩薩眾，所居宮殿，亦復如是。中有在地講經、誦經者，有在地受經、聽經者，有在地經行者，思道及坐禪者，有在虛空講誦受聽者，經行、思道及坐禪者。或得須陀洹，或得斯陀含，或得阿那含、阿羅漢。未得阿惟越致者，則得阿惟越致。各自念道、說道、行道，莫不歡喜。

<h2 style="text-align:center">泉池功德第十七</h2>

又其講堂左右，泉池交流。縱廣深淺，皆各一等。或十由旬，二十由旬，乃至百千由旬。湛然香潔，具八功德。岸邊無數栴檀香樹，吉祥果樹，華果恒芳，光明照耀。修條密葉，交覆於池。出種種香，世無能喻。隨風散馥，沿水流芬。又復池飾七寶，地布金沙。優鉢羅華、鉢曇摩華、拘牟頭華、芬陀利華，雜色光茂，彌覆水上。若彼眾生，過浴此水，欲至足者，欲至膝者，欲至腰腋，欲至頸者，或欲灌身，或欲冷者、溫者、急流者、緩流者，其水一一隨眾生意，開神悅體，淨若無形。寶沙映澈，無深不照。微瀾徐迴，轉相灌注。

波揚無量微妙音聲，或聞佛法僧聲、波羅密聲、止息寂靜聲、無生無滅聲、十力無畏聲，或聞無性無作無我聲、大慈大悲喜捨聲、甘露灌頂受位聲。得聞如是種種聲已，其心清淨，無諸分別，正直平等，成熟善根。隨其所聞，與法相應。

其願聞者，輒獨聞之，所不欲聞，了無所聞。永不退於阿耨多羅三藐三菩提心。十方世界諸往生者，皆於七寶池蓮華中，自然化生。悉受清虛之身，無極之體。不聞三途惡惱苦難之名，尚無假設，何況實苦。但有自然快樂之音。是故彼國，名為極樂。

超世希有第十八

彼極樂國，所有眾生，容色微妙，超世稀有。咸同一類，無差別相。但因順餘方俗，故有天人之名。佛告阿難：譬如世間貧苦乞人，在帝王邊，面貌形狀，甯可類乎？帝王若比轉輪聖王，則為鄙陋，猶彼乞人，在帝王邊也。轉輪聖王，威相第一，比之忉利天王，又復醜劣。假令帝釋，比第六天，雖百千倍不相類也。第六天王，若比極樂國中，菩薩聲聞，光顏容色，雖萬億倍，不相及逮。所處宮殿，衣服飲食，猶如他化自在天王。至於威德、階位、神通變化，一切天人，不可為比，百千萬億，不可計倍。阿難應知，無量壽佛極樂國土，如是功德莊嚴，不可思議。

受用具足第十九

復次極樂世界所有眾生，或已生，或現生，或當生，皆得如是諸妙色身。形貌端嚴，福德無量。智慧明了，神通自在。受用種種，一切豐足。宮殿、服飾、香花、幡蓋，莊嚴之具，隨意所須，悉皆如念。若欲食時，七寶缽器，自然在前，百味飲食，自然盈滿。雖有此食，實無食者。但見色聞香，以意為食。色力增長，而無便穢。身心柔軟，無所味著。事已化去，時至復現。復有眾寶妙衣、冠帶、瓔珞，無量光明，百千妙色，悉皆具足，自然在身。所居舍宅，稱其形色。寶網彌覆，懸諸寶鈴。奇妙珍異，周徧校飾。光色晃曜，盡極嚴麗。樓觀欄楯，堂宇房閣，廣狹方圓，或大或小，或在虛空，或在平地。清淨安隱，微妙快樂。應念現前，無不具足。

復有眾寶妙衣、冠帶、瓔珞，無量光明，百千妙色，悉皆具足，自然在身。所居舍宅，稱其形色。寶網彌覆，懸諸寶鈴。奇妙珍異，周徧校飾。光色晃曜，盡極嚴麗。樓觀欄楯，堂宇房閣，廣狹方圓，或大或小，或在虛空，或在平地。清淨安隱，微妙快樂。應念現前，無不具足。

德風華雨第二十

其佛國土，每於食時，自然德風徐起，吹諸羅網，及眾寶樹，出微妙音，演說苦、空、無常、無我諸波羅密，流布萬種溫雅德香。其有聞者，塵勞垢習，自然不起。風觸其身，安和調適，猶如比丘得滅盡定。復吹七寶林樹，飄華成聚。種種色光，徧滿佛土。隨色次第，而不雜亂。柔軟光潔，如兜羅綿。足履其上，沒深四指。隨足舉已，還復如初。過食時後，其華自沒。大地清淨，更雨新華。隨其時節，還復周徧。與前無異，如是六反。

寶蓮佛光第二十一

又眾寶蓮華周滿世界。一一寶華百千億葉。其華光明，無量種色，青色青光、白色白光，玄黃朱紫，光色亦然。復有無量妙寶百千摩尼，映飾珍奇，明曜日月。彼蓮華量，或半由旬，或一二三四，乃至百千由旬。一一華中，出三十六百千億光。一一光中，出三十六百千億佛，身色紫金，相好殊特。一一諸佛，又放百千光明，普為十方說微妙法。如是諸佛，各各安立無量眾生於佛正道。

決證極果第二十二

復次阿難，彼佛國土，無有昏闇、火光、日月、星曜、晝夜之象，亦無歲月劫數之名，復無住著家室。於一切處，既無標式名號，亦無取舍分別，唯受清淨最上快樂。若有善男子、善女人，若已生，若當生，皆悉住於正定之聚，決定證於阿耨多羅三藐三菩提。何以故？若邪定聚，及不定聚，不能了知建立彼因故。

十方佛讚第二十三

復次阿難，東方恒河沙數世界，一一界中如恒沙佛，各出廣長舌相，放無量光，說誠實言，稱讚無量壽佛不可思議功德。南西北方恒沙世界，諸佛稱讚亦復如是。四維上下恒沙世界，諸佛稱讚亦復如是。何以故？欲令他方所有眾生，聞彼佛名，發清淨心，憶念受持，歸依供養。乃至能發一念淨信，所有善根，至心迴向，願生彼國。隨願皆生，得不退轉，乃至無上正等菩提。

三輩往生第二十四

佛告阿難，十方世界諸天人民，其有至心願生彼國，凡有三輩。其上輩者，捨家棄欲而作沙門。發菩提心。一向專念阿彌陀佛。修諸功德，願生彼國。此等眾生，臨壽終時，阿彌陀佛，與諸聖眾，現在其前。經須臾間，即隨彼佛往生其國。便於七寶華中自然化生，智慧勇猛，神通自在。是故阿難，其有眾生欲於今世見阿彌陀佛者，應發無上菩提之心。復當專念極樂國土。積集善根，應持迴向。由此見佛，生彼國中，得不退轉，乃至無上菩提。

其中輩者，雖不能行作沙門，大修功德，當發無上菩提之心。一向專念阿彌陀佛。隨己修行，諸善功德，奉持齋戒，起立塔像，飯食沙門，懸繒然燈，散華燒香，以此迴向，願生彼國。其人臨終，阿彌陀佛化現其身，光明相好，具如真佛，與諸大眾前後圍繞，現其人前，攝受導引。即隨化佛往生其國，住不退轉，無上菩提。功德智慧次如上輩者也。

其下輩者，假使不能作諸功德，當發無上菩提之心，一向專念阿彌陀佛。歡喜信樂，不生疑惑。以至誠心，願生其國。此人臨終，夢見彼佛，亦得往生。功德智慧次如中輩者也。若有眾生住大乘者，以清淨心，向無量壽。乃至十念，願生其國。聞甚深法，即生信解。乃至獲得一念淨心，發一念心念於彼佛。此人臨命終時，如在夢中，見阿彌陀佛，定生彼國，得不退轉無上菩提。

往生正因第二十五

復次阿難，若有善男子、善女人，聞此經典，受持讀誦，書寫供養，晝夜相續，求生彼刹。發菩提心。持諸禁戒，堅守不犯。饒益有情，所作善根悉施與之，令得安樂。憶念西方阿彌陀佛，及彼國土。是人命終，如佛色相種種莊嚴，生寶刹中，速得聞法，永不退轉。

復次阿難，若有眾生欲生彼國，雖不能大精進禪定，盡持經戒，要當作善。所謂一不殺生，二不偷盜，三不淫欲，四不妄言，五不綺語，六不惡口，七不兩舌，八不貪，九不瞋，十不癡。如是晝夜思惟極樂世界阿彌陀佛，種種功德，種種莊嚴。志心歸依，頂禮供養。是人臨終，不驚不怖，心不顛倒，即得往生彼佛國土。若多事物，不能離家，不暇大修齋戒，一心清淨。有空閑時，端正身心。絕欲去憂，慈心精進。不當瞋怒嫉妒，不得貪饕慳惜。不得中悔，不得狐疑。要當孝順，至誠忠信。當信佛經語深，當信作善得福。奉持如是等法，不得虧失。思惟熟計，欲得度脫。晝夜常念，願欲往生阿彌陀佛清淨佛國。十日十夜，乃至一日一夜不斷絕者，壽終皆得往生其國，行菩薩道。

諸往生者，皆得阿惟越致，皆具金色三十二相，皆當作佛。欲於何方佛國作佛，從心所願，隨其精進早晚，求道不休，會當得之，不失其所願也。阿難，以此義利故，無量無數不可思議無有等等無邊世界，諸佛如來，皆共稱讚無量壽佛所有功德。

禮供聽法第二十六

復次阿難，十方世界諸菩薩眾，為欲瞻禮極樂世界無量壽佛，各以香華幢幡寶蓋，往詣佛所。恭敬供養，聽受經法，宣布道化，稱讚佛土功德莊嚴。爾時世尊即說頌曰：

東方諸佛刹　數如恒河沙　恒沙菩薩眾　往禮無量壽
南西北四維　上下亦復然　咸以尊重心　奉諸珍妙供
暢發和雅音　歌嘆最勝尊　究達神通慧　遊入深法門
聞佛聖德名　安隱得大利　種種供養中　勤修無懈倦
觀彼殊勝刹　微妙難思議　功德普莊嚴　諸佛國難比
因發無上心　願速成菩提　應時無量尊　微笑現金容
光明從口出　徧照十方國　迴光還繞佛　三匝從頂入
菩薩見此光　即證不退位　時會一切眾　互慶生歡
佛語梵雷震　八音暢妙聲　十方來正士　吾悉知彼願
志求嚴淨土　受記當作佛　覺了一切法　猶如夢幻響
滿足諸妙願　必成如是刹　知土如影像　恒發弘誓心
究竟菩薩道　具諸功德本　修勝菩提行　受記當作佛
通達諸法性　一切空無我　專求淨佛土　必成如是刹
聞法樂受行　得至清淨處　必於無量尊　受記成等覺
無邊殊勝刹　其佛本願力　聞名欲往生　自致不退轉
菩薩興至願　願己國無異　普念度一切　各發菩提心
捨彼輪迴身　俱令登彼岸　奉事萬億佛　飛化徧諸刹
恭敬歡喜去　還到安養國。

<h1 style="text-align:center">歌嘆佛德第二十七</h1>

佛語阿難：彼國菩薩，承佛威神，於一食頃，復往十方無邊淨刹，供養諸佛。華香幢幡，供養之具，應念即至，皆現手中。珍妙殊特，非世所有。以奉諸佛，及菩薩眾。其所散華，即於空中，合為一華。華皆向下，端圓周匝，化成華蓋。百千光色，色色異香，香氣普薰。蓋之小者，滿十由旬，如是轉倍，乃至徧覆三千大千世界。隨其前後，以次化沒。若不更以新華重散，前所散華終不復落。於虛空中共奏天樂，以微妙音歌嘆佛德。

經須臾間，還其本國，都悉集會七寶講堂。無量壽佛，則為廣宣大教，演暢妙法。莫不歡喜，心解得道。即時香風吹七寶樹，出五音聲。無量妙華，隨風四散。自然供養，如是不絕。一切諸天，皆齎百千華香，萬種伎樂，供養彼佛，及諸菩薩聲聞之眾。前後往來，熙怡快樂。此皆無量壽佛本願加威，及曾供養如來，善根相續，無缺減故，善修習故，善攝取故，善成就故。

<h1 style="text-align:center">大士神光第二十八</h1>

佛告阿難：彼佛國中諸菩薩眾，悉皆洞視徹聽八方上下、去來現在之事。諸天人民，以及蜎飛蠕動之類，心意善惡，口所欲言，何時度脫，得道往生，皆豫知之。又彼佛刹諸聲聞眾，身光一

尋，菩薩光明，照百由旬。有二菩薩，最尊第一，威神光明，普照三千大千世界。阿難白佛：彼二菩薩，其號云何？佛言：一名觀世音，一名大勢至。此二菩薩，於娑婆界，修菩薩行，往生彼國。常在阿彌陀佛左右。欲至十方無量佛所，隨心則到。現居此界，作大利樂。世間善男子、善女人，若有急難恐怖，但自歸命觀世音菩薩，無不得解脫者。

願力宏深第二十九

復次阿難，彼佛剎中，所有現在、未來一切菩薩，皆當究竟一生補處。唯除大願，入生死界，為度羣生，作師子吼。擐大甲冑，以宏誓功德而自莊嚴。雖生五濁惡世，示現同彼，直至成佛，不受惡趣。生生之處，常識宿命。無量壽佛，意欲度脫十方世界諸眾生類，皆使往生其國，悉令得泥洹道。作菩薩者，令悉作佛。既作佛已，轉相教授，轉相度脫，如是輾轉，不可復計。十方世界，聲聞菩薩，諸眾生類，生彼佛國，得泥洹道，當作佛者，不可勝數。

彼佛國中，常如一法，不為增多。所以者何？猶如大海，為水中王，諸水流行，都入海中。是大海水，甯為增減。八方上下，佛國無數。阿彌陀國，長久廣大，明好快樂，最為獨勝。本其為菩薩時，求道所願，累德所致。無量壽佛，恩德布施八方上下，無窮無極，深大無量，不可勝言。

菩薩修持第三十

復次阿難，彼佛剎中，一切菩薩，禪定智慧，神通威德，無不圓滿。諸佛密藏，究竟明了。調伏諸根，身心柔軟。深入正慧，無復餘習。依佛所行，七覺聖道。修行五眼，照真達俗。肉眼簡擇，天眼通達，法眼清淨，慧眼見真，佛眼具足，覺了法性。辯才總持，自在無礙。善解世間無邊方便。所言誠諦，深入義味。
度諸有情，演說正法。無相無為，無縛無脫。無諸分別，遠離顛倒。於所受用，皆無攝取。徧遊佛剎，無愛無厭。亦無希求不希求想，亦無彼我違怨之想。何以故？彼諸菩薩，於一切眾生，有大慈悲利益心故。捨離一切執著，成就無量功德。以無礙慧，解法如如。善知集滅音聲方便。不欣世語，樂在正論。知一切法，悉皆空寂。生身煩惱，二餘俱盡。於三界中，平等勤修。究竟一乘，至於彼岸。決斷疑網，證無所得。以方便智，增長了知。從本以來，安住神通。得一乘道，不由他悟。

真實功德第三十一

其智宏深，譬如巨海；菩提高廣，喻若須彌；自身威光，超於日月；其心潔白，猶如雪山；忍辱如地，一切平等；清淨如水，洗諸塵垢；熾盛如火，燒煩惱薪；不著如風，無諸障礙。法音雷震，覺未覺故；雨甘露法，潤眾生故；曠若虛空，大慈等故；如淨蓮華，離染污故；如尼拘樹，覆蔭大故；如金剛杵，破邪執故；如鐵圍山，眾魔外道不能動故。其心正直，善巧決定；論法無厭，求法不倦；戒若琉璃，內外明潔；其所言說，令眾悅服。擊法鼓，建法幢，曜慧日，破痴闇。

淳淨溫和，寂定明察。為大導師，調伏自他。引導羣生，捨諸愛著。永離三垢，遊戲神通。因緣願力，出生善根。摧伏一切魔軍，尊重奉事諸佛。為世明燈，最勝福田，殊勝吉祥，堪受供養。赫奕歡喜，雄猛無畏。身色相好，功德辯才，具足莊嚴，無與等者。常為諸佛所共稱讚。究竟菩薩諸波羅密，而常安住不生不滅諸三摩地。行徧道場，遠二乘境。阿難，我今略說彼極樂界，所生菩薩，真實功德，悉皆如是。若廣說者，百千萬劫不能窮盡。

佛告彌勒菩薩、諸天人等：無量壽國，聲聞菩薩，功德智慧，不可稱說。又其國土微妙安樂，清淨若此。何不力為善，念道之自然。出入供養，觀經行道。喜樂久習，才猛智慧。心不中迴，意無懈時。外若遲緩，內獨駛急。容容虛空，適得其中。中表相應，自然嚴整。檢斂端直，身心潔淨。無有愛貪，志願安定。無增缺減，求道和正。不誤傾邪，隨經約令。不敢蹉跌，若於繩墨。

咸為道慕，曠無他念。無有憂思，自然無為。虛空無立，淡安無欲。作得善願，盡心求索。含哀慈愍，禮義都合。苞羅表裏，過度解脫。自然保守，真真潔白。志願無上，淨定安樂。一旦開達明徹，自然中自然相，自然之有根本，自然光色參迴，轉變最勝。鬱單成七寶，橫攬成萬物。光精明俱出，善好殊無比。著於無上下，洞達無邊際。

宜各勤精進，努力自求之。必得超絕去，往生無量清淨阿彌陀佛國。橫截於五趣，惡道自閉塞。無極之勝道，易往而無人。其國不逆違，自然所牽隨。捐志若虛空，勤行求道德。可得極長生，壽樂無有極。何為著世事，譊譊憂無常。

勸諭策進第三十三

世人共爭不急之務，於此劇惡極苦之中，勤身營務，以自給濟。尊卑、貧富、少長、男女，累念積慮，為心走使。無田憂田，無宅憂宅，眷屬財物，有無同憂。有一少一，思欲齊等，適小具有，又憂非常。水火盜賊，怨家債主，焚漂劫奪，消散磨滅。心慳意固，無能縱捨。命終棄捐，莫誰隨者。貧富同然，憂苦萬端。

世間人民，父子兄弟夫婦親屬，當相敬愛，無相憎嫉。有無相通，無得貪惜。言色常和，莫相違戾。或時心諍，有所恚怒。後世轉劇，至成大怨。世間之事，更相患害，雖不臨時，應急想破。人在愛欲之中，獨生獨死，獨去獨來，苦樂自當，無有代者。善惡變化，追逐所生，道路不同，會見無期。何不於強健時，努力修善，欲何待乎？

世人善惡自不能見，吉凶禍福，競各作之。身愚神闇，轉受餘教。顛倒相續，無常根本。蒙冥抵突，不信經法。心無遠慮，各欲快意。迷於瞋恚，貪於財色。終不休止，哀哉可傷！先人不善，不識道德，無有語者，殊無怪也。死生之趣，善惡之道，都不之信，謂無有是。更相瞻視，且自見之。或父哭子，或子哭父，兄弟夫婦，更相哭泣。一死一生，迭相顧戀。憂愛結縛，無有解時。思想恩好，不離情欲。不能深思熟計，專精行道。年壽旋盡，無可奈何。

惑道者眾，悟道者少。各懷殺毒，惡氣冥冥。為妄興事，違逆天地。恣意罪極，頓奪其壽。下入惡道，無有出期。若曹當熟思計，遠離眾惡。擇其善者，勤而行之。愛欲榮華，不可常保，皆當別離，無可樂者。當勤精進，生安樂國。智慧明達，功德殊勝。勿得隨心所欲，虧負經戒，在人後也。

心得開明第三十四

彌勒白言：佛語教戒，甚深甚善。皆蒙慈恩，解脫憂苦。佛為法王，尊超羣聖，光明徹照，洞達無極，普為一切天人之師。今得值佛，復聞無量壽聲，靡不歡喜，心得開明。

佛告彌勒：敬於佛者，是為大善。實當念佛，截斷狐疑。拔諸愛欲，杜眾惡源。遊步三界，無所罣碍。開示正道，度未度者。若曹當知十方人民，永劫以來，輾轉五道，憂苦不絕。生時苦痛，老亦苦痛，病極苦痛，死極苦痛。惡臭不淨，無可樂者。宜自決斷，洗除心垢。言行忠信，表裏相應。人能自度，轉相拯濟。至心求願，積累善本。雖一世精進勤苦，須臾間耳。後生無量壽國，快樂無極。永拔生死之本，無復苦惱之患。壽千萬劫，自在隨意。宜各精進，求心所願。無得疑悔，自為過咎，生彼邊地七寶城中，於五百歲受諸厄也。彌勒白言：受佛明誨，專精修學。如教奉行，不敢有疑。

濁世惡苦第三十五

佛告彌勒：汝等能於此世，端心正意，不為眾惡，甚為大德。所以者何？十方世界，善多惡少，易可開化。唯此五惡世間，最為劇苦。我今於此作佛，教化羣生，令捨五惡，去五痛，離五燒，降化其意，令持五善，獲其福德。

何等為五？其一者，世間諸眾生類，欲為眾惡。強者伏弱，轉相尅賊，殘害殺傷，迭相吞啖，不知為善，後受殃罰。故有窮乞、孤獨、聾盲、瘖瘂、痴惡、尪狂，皆因前世不信道德，不肯為善。其有尊貴、豪富、賢明、長者、智勇、才達，皆由宿世慈孝，修善積德所致。世間有此目前現事，壽終之後，入其幽冥。轉生受身，改形易道。故有泥犁、禽獸、蜎飛蠕動之屬。譬如世法牢獄，劇苦極刑，魂神命精，隨罪趣向。所受壽命，或長或短，相從共生，更相報償。殃惡未盡，終不得離。輾轉其中，累劫難出。難得解脫，痛不可言。天地之間，自然有是。雖不即時暴應，善惡會當歸之。

其二者，世間人民不順法度。奢婬驕縱，任心自恣。居上不明，在位不正。陷人冤枉，損害忠良。心口各異，機偽多端。尊卑中外，更相欺誑。瞋恚愚痴，欲自厚己，欲貪多有。利害勝負，結忿成讎。破家亡身，不顧前後。富有慳惜，不肯施與。愛保貪重，心勞身苦。如是至竟，無一隨者。善惡禍福，追命所生。或在樂處，或入苦毒。又或見善憎謗，不思慕及。常懷盜心，悕望他利。用自供給，消散復取。神明尅識，終入惡道。自有三途無量苦惱，輾轉其中，累劫難出，痛不可言。

其三者，世間人民相因寄生，壽命幾何。不良之人，身心不正。常懷邪惡，常念婬姝。煩滿胸中，邪態外逸。費損家財，事為非法。所當求者，而不肯為。又或交結聚會，興兵相伐。攻劫殺戮，強奪迫脅。歸給妻子，極身作樂。眾共憎厭，患而苦之。如是之惡，著於人鬼。神明記識，自入三途。無量苦惱，輾轉其中。累劫難出，痛不可言。

其四者，世間人民不念修善。兩舌、惡口、妄言、綺語。憎嫉善人，敗壞賢明。不孝父母，輕慢師長。朋友無信，難得誠實。尊貴自大，謂己有道。橫行威勢，侵易于人。欲人畏敬，不自慚懼。難可降化，常懷驕慢。賴其前世，福德營護。今世為惡，福德盡滅。壽命終盡，諸惡繞歸。又其名籍，記在神明。殃咎牽引，無從捨離。但得前行，入于火鑊。身心摧碎，神形苦極。當斯之時，悔復何及。

其五者，世間人民徙倚懈怠。不肯作善，治身修業。父母教誨，違戾反逆。譬如怨家，不如無子。負恩違義，無有報償。放恣遊散，耽酒嗜美。魯扈抵突，不識人情。無義無禮，不可諫曉。六親眷屬，資用有無，不能憂念。不惟父母之恩，不存師友之義。意念身口，曾無一善。不信諸佛經法，不信生死善惡。欲害真人，鬪亂僧眾。愚痴蒙昧，自為智慧。不知生所從來，死所趣向。不仁不順，希望長生。慈心教誨，而不肯信。苦口與語，無益其人。心中閉塞，意不開解。大命將終，悔懼交至。不豫修善，臨時乃悔。悔之於後，將何及乎！天地之間，五道分明。善惡報應，禍福相承。身自當之，無誰代者。

善人行善，從樂入樂，從明入明。惡人行惡，從苦入苦，從冥入冥。誰能知者，獨佛知耳。教語開示，信行者少。生死不休，惡道不絕。如是世人，難可具盡。故有自然三途，無量苦惱，輾轉其中。世世累劫，無有出期。難得解脫，痛不可言。如是五惡、五痛、五燒，譬如大火，焚燒人身。若能自於其中一心制意，端身正念，言行相副，所作至誠，獨作諸善，不為眾惡。身獨度脫，獲其福德，可得長壽泥洹之道。是為五大善也。

重重誨勉第三十六

佛告彌勒：吾語汝等，如是五惡、五痛、五燒，輾轉相生。敢有犯此，當歷惡趣。或其今世，先被病殃，死生不得，示眾見之。或於壽終，入三惡道。愁痛酷毒，自相燋然。共其怨家，更相殺傷。從小微起，成大困劇。皆由貪著財色，不肯施惠。各欲自快，無復曲直。痴欲所迫，厚己爭利。富貴榮華，當時快意。不能忍辱，不務修善。威勢無幾，隨以磨滅。天道施張，自然糺舉，煢煢忪忪，當入其中。

古今有是，痛哉可傷！汝等得佛經語，熟思惟之。各自端守，終身不怠。尊聖敬善，仁慈博愛。當求度世，拔斷生死眾惡之本。當離三塗，憂怖苦痛之道。若曹作善，云何第一？當自端心，當自端身。耳目口鼻，皆當自端。身心淨潔，與善相應。勿隨嗜欲，不犯諸惡。言色當和，身行當專。動作瞻視，安定徐為。作事倉卒，敗悔在後。為之不諦，亡其功夫。

如貧得寶第三十七

汝等廣植德本，勿犯道禁。忍辱精進，慈心專一。齋戒清淨，一日一夜，勝在無量壽國為善百歲。所以者何？彼佛國土，皆積德眾善，無毫髮之惡。於此修善，十日十夜，勝於他方諸佛國中，為善千歲。所以者何？他方佛國，福德自然，無造惡之地。唯此世間，善少惡多，飲苦食毒，未嘗寧息。吾哀汝等，苦心誨喻，授與經法。悉持思之，悉奉行之。尊卑、男女、眷屬、朋友，轉相教語，自相約檢。和順義理，歡樂慈孝。所作如犯，則自悔過。去惡就善，朝聞夕改。

奉持經戒，如貧得寶。改往修來，洒心易行。自然感降，所願輒得。佛所行處，國邑丘聚，靡不蒙化。天下和順，日月清明。風雨以時，災厲不起。國豐民安，兵戈無用。崇德興仁，務修禮讓。國無盜賊，無有怨枉。強不凌弱，各得其所。我哀汝等，甚於父母念子。我於此世作佛，以善攻惡，拔生死之苦。令獲五德，升無為之安。吾般泥洹，經道漸滅。人民諂偽，復為眾惡。五燒五痛，久後轉劇。汝等轉相教誡，如佛經法，無得犯也。彌勒菩薩，合掌白言：世人惡苦，如是如是。佛皆慈哀，悉度脫之。受佛重誨，不敢違失。

禮佛現光第三十八

佛告阿難：若曹欲見無量清淨平等覺，及諸菩薩、阿羅漢等所居國土，應起西向，當日沒處，恭敬頂禮，稱念南無阿彌陀佛。阿難即從座起，面西合掌，頂禮白言：我今願見極樂世界阿彌陀佛，供養奉事，種諸善根。頂禮之間，忽見阿彌陀佛，容顏廣大，色相端嚴。如黃金山，高出一切諸世界上。又聞十方世界，諸佛如來，稱揚讚歎阿彌陀佛種種功德，無礙無斷。

阿難白言：彼佛淨剎得未曾有，我亦願樂生於彼土。世尊告言：其中生者，已曾親近無量諸佛，植眾德本。汝欲生彼，應當一心歸依瞻仰。作是語時，阿彌陀佛即於掌中放無量光，普照一切諸佛世界。時諸佛國，皆悉明現，如處一尋。以阿彌陀佛殊勝光明，極清淨故，於此世界所有黑山、雪山、金剛、鐵圍大小諸山，江河叢林，天人宮殿，一切境界，無不照見。譬如日出，明照世間。乃至泥犁、谿谷，幽冥之處，悉大開闢，皆同一色。猶如劫水彌滿世界，其中萬物，沉沒不現，滉瀁浩汗，唯見大水。彼佛光明，亦復如是。聲聞、菩薩一切光明，悉皆隱蔽，唯見佛光，明耀顯赫。此會四眾、天龍八部、人非人等，皆見極樂世界，種種莊嚴。阿彌陀佛，於彼高座，威德巍巍，相好光明，聲聞、菩薩，圍繞恭敬。

譬如須彌山王，出於海面。明現照耀，清淨平正。無有雜穢，及異形類。唯是眾寶莊嚴，聖賢共住。

阿難及諸菩薩眾等，皆大歡喜，踊躍作禮，以頭著地，稱念南無阿彌陀三藐三佛陀。諸天人民，以至蜎飛蠕動，覩斯光者，所有疾苦，莫不休止，一切憂惱，莫不解脫。悉皆慈心作善，歡喜快樂。鐘磬、琴瑟、箜篌樂器，不鼓自然皆作五音。諸佛國中，諸天人民，各持花香，來於虛空，散作供養。爾時極樂世界，過於西方百千俱胝那由他國，以佛威力，如對目前，如淨天眼，觀一尋地。彼見此土，亦復如是。悉覩娑婆世界，釋迦如來，及比丘眾，圍繞說法。

慈氏述見第三十九

爾時佛告阿難，及慈氏菩薩：汝見極樂世界，宮殿樓閣，泉池林樹，具足微妙清淨莊嚴不？汝見欲界諸天，上至色究竟天，雨諸香華，徧佛剎不？阿難對曰：唯然已見。汝聞阿彌陀佛大音宣佈一切世界，化眾生不？阿難對曰：唯然已聞。佛言：汝見彼國淨行之眾，遊處虛空，宮殿隨身，無所障礙，遍至十方供養諸佛不？及見彼等念佛相續不？復有眾鳥住虛空界，出種種音，皆是化作，汝悉見不？慈氏白言：如佛所說，一一皆見。

佛告彌勒：彼國人民有胎生者，汝復見不？彌勒白言：世尊，我見極樂世界人住胎者，如夜摩天，處於宮殿。又見眾生，於蓮華內結跏趺坐，自然化生。何因緣故，彼國人民，有胎生者，有化生者？

邊地疑城第四十

佛告慈氏：若有眾生，以疑惑心修諸功德，願生彼國。不了佛智、不思議智、不可稱智、大乘廣智、無等無倫最上勝智，於此諸智，疑惑不信。猶信罪福，修習善本，願生其國。復有眾生，積集善根，希求佛智、普遍智、無等智、威德廣大不思議智。於自善根，不能生信。故於往生清淨佛國，意志猶豫，無所專據。然猶續念不絕。結其善願為本，續得往生。

是諸人等，以此因緣，雖生彼國，不能前至無量壽所。道止佛國界邊，七寶城中。佛不使爾，身行所作，心自趣向。亦有寶池蓮華，自然受身。飲食快樂，如忉利天。於其城中，不能得出。所居舍宅在地，不能隨意高大。於五百歲，常不見佛，不聞經法，不見菩薩聲聞聖眾。其人智慧不明，知經復少。心不開解，意不歡樂。是故於彼謂之胎生。

若有眾生，明信佛智，乃至勝智，斷除疑惑，信己善根，作諸功德，至心迴向。皆於七寶華中，自然化生，跏趺而坐。須臾之頃，身相光明，智慧功德，如諸菩薩，具足成就。彌勒當知，彼化生者，智慧勝故。其胎生者，五百歲中，不見三寶，不知菩薩法式，不得修習功德，無因奉事無量壽佛。當知此人，宿世之時，無有智慧，疑惑所致。

惑盡見佛第四十一

譬如轉輪聖王，有七寶獄，王子得罪，禁閉其中。層樓綺殿，寶帳金床。欄窗榻座，妙飾奇珍。飲食衣服，如轉輪王。而以金鏁繫其兩足。諸小王子，甯樂此不？慈氏白言：不也世尊。彼幽縶時，心不自在，但以種種方便，欲求出離。求諸近臣，終不從心。輪王歡喜，方得解脫。

佛告彌勒：此諸眾生，亦復如是。若有墮於疑悔，希求佛智，至廣大智。於自善根，不能生信。由聞佛名起信心故，雖生彼國，於蓮華中不得出現。彼處華胎，猶如園苑宮殿之想。何以故？彼中清淨，無諸穢惡。然於五百歲中，不見三寶，不得供養奉事諸佛，遠離一切殊勝善根。以此為苦，不生欣樂。

若此眾生識其罪本，深自悔責，求離彼處。往昔世中，過失盡已，然後乃出。即得往詣無量壽所，聽聞經法。久久亦當開解歡喜，亦得徧供無數無量諸佛，修諸功德。汝阿逸多，當知疑惑於諸菩薩為大損害，為失大利，是故應當明信諸佛無上智慧。

慈氏白言：云何此界一類眾生，雖亦修善，而不求生？佛告慈氏：此等眾生，智慧微淺。分別西方，不及天界，是以非樂，不求生彼。慈氏白言：此等眾生，虛妄分別。不求佛刹，何免輪迴。佛言：彼等所種善根，不能離相，不求佛慧，深著世樂，人間福報。雖復修福，求人天果，得報之時，一切豐足，而未能出三界獄中。假使父母、妻子、男女眷屬，欲相救免，邪見業王，未能捨離，常處輪迴，而不自在。汝見愚痴之人，不種善根，但以世智聰辯，增益邪心。云何出離生死大難。復有眾生，雖種善根，作大福田。取相分別，情執深重。求出輪迴，終不能得。若以無相智慧，植眾德本。身心清淨，遠離分別。求生淨刹，趣佛菩提。當生佛刹，永得解脫。

菩薩往生第四十二

彌勒菩薩白佛言：今此娑婆世界，及諸佛刹，不退菩薩當生極樂國者，其數幾何？佛告彌勒：於此世界，有七百二十億菩薩，已曾供養無數諸佛，植眾德本，當生彼國。諸小行菩薩，修習功德，當往生者，不可稱計。不但我刹諸菩薩等，往生彼國，他方佛土，亦復如是。從遠照佛刹，有十八俱胝那由他菩薩摩訶薩，生彼國土。東北方寶藏佛刹，有九十億不退菩薩，當生彼國。從無量音佛刹、光明佛刹、龍天佛刹、勝力佛刹、師子佛刹、離塵佛刹、德首佛剎、仁王佛剎、華幢佛剎，不退菩薩當往生者，或數十百億，或數百千億，乃至萬億。其第十二佛名無上華，彼有無數諸菩薩眾，皆不退轉。智慧勇猛，已曾供養無量諸佛，具大精進，發趣一乘。於七日中，即能攝取百千億劫，大士所修堅固之法。斯等菩薩，皆當往生。其第十三佛名曰無畏，彼有七百九十億大菩薩眾，諸小菩薩及比丘等，不可稱計，皆當往生。十方世界諸佛名號，及菩薩眾當往生者，但說其名，窮劫不盡。

非是小乘第四十三

佛告慈氏：汝觀彼諸菩薩摩訶薩，善獲利益。若有善男子、善女人，得聞阿彌陀佛名號，能生一念喜愛之心，歸依瞻禮，如說修行。當知此人為得大利。當獲如上所說功德。心無下劣，亦不貢高。成就善根，悉皆增上。當知此人非是小乘，於我法中，得名第一弟子。

是故告汝天人世間阿修羅等，應當愛樂修習，生希有心。於此經中，生導師想。欲令無量眾生，速疾安住得不退轉，及欲見彼廣大莊嚴、攝受殊勝佛剎，圓滿功德者，當起精進，聽此法門。為求法故，不生退屈諂偽之心。設入大火，不應疑悔。何以故？彼無量億諸菩薩等，皆悉求此微妙法門，尊重聽聞，不生違背。多有菩薩，欲聞此經而不能得，是故汝等應求此法。

<h2 style="text-align:center">受菩提記第四十四</h2>

若於來世，乃至正法滅時，當有眾生，植諸善本，已曾供養無量諸佛。由彼如來加威力故，能得如是廣大法門。攝取受持，當獲廣大一切智智。於彼法中，廣大勝解，獲大歡喜。廣為他說，常樂修行。諸善男子，及善女人，能於是法，若已求、現求、當求者，皆獲善利。汝等應當安住無疑，種諸善本，應常修習，使無疑滯，不入一切種類珍寶成就牢獄。

阿逸多，如是等類大威德者，能生佛法廣大異門。由於此法不聽聞故，有一億菩薩，退轉阿耨多羅三藐三菩提。若有眾生，於此經典，書寫、供養、受持、讀誦，於須臾頃為他演說，勸令聽聞，不生憂惱，乃至晝夜思惟彼剎，及佛功德，於無上道，終不退轉。彼人臨終，假使三千大千世界滿中大火，亦能超過，生彼國土。是人已曾值過去佛，受菩提記。一切如來，同所稱讚。是故應當專心信受、持誦、說行。

<h2 style="text-align:center">獨留此經第四十五</h2>

吾今為諸眾生說此經法，令見無量壽佛，及其國土一切所有。所當為者，皆可求之。無得以我滅度之後，復生疑惑。當來之世經道滅盡，我以慈悲哀愍，特留此經止住百歲。其有眾生，值斯經

者，隨意所願，皆可得度。如來興世，難值難見。諸佛經道，難得
難聞。遇善知識，聞法能行，此亦為難。若聞斯經，信樂受持，難
中之難，無過此難。

若有眾生得聞佛聲，慈心清淨，踊躍歡喜，衣毛為起，或淚出
者，皆由前世曾作佛道，故非凡人。若聞佛號，心中狐疑，於佛
經語，都無所信，皆從惡道中來。宿殃未盡，未當度脫。故心狐
疑，不信向耳。

勤修堅持第四十六

佛告彌勒：諸佛如來無上之法，十力無畏，無礙無著，甚深之
法，及波羅密等菩薩之法，非易可遇。能說法人，亦難開示。堅固
深信，時亦難遭。我今如理宣說如是廣大微妙法門，一切諸佛之
所稱讚。付囑汝等，作大守護，為諸有情長夜利益，莫令眾生淪
墮五趣，備受危苦。
應勤修行，隨順我教。當孝於佛，常念師恩。當令是法久住不滅。
當堅持之，無得毀失。無得為妄，增減經法。常念不絕，則得道
捷。我法如是，作如是說。如來所行，亦應隨行。種修福善，求生
淨剎。

福慧始聞第四十七

爾時世尊而說頌曰：

若不往昔修福慧　於此正法不能聞
已曾供養諸如來　則能歡喜信此事
惡驕懈怠及邪見　難信如來微妙法
譬如盲人恒處闇　不能開導於他路
唯曾於佛植眾善　救世之行方能修
聞已受持及書寫　讀誦讚演并供養
如是一心求淨方　決定往生極樂國
假使大火滿三千　乘佛威德悉能超
如來深廣智慧海　唯佛與佛乃能知
聲聞億劫思佛智　盡其神力莫能測
如來功德佛自知　唯有世尊能開示
人身難得佛難值　信慧聞法難中難
若諸有情當作佛　行超普賢登彼岸
是故博聞諸智士　應信我教如實言
如是妙法幸聽聞　應常念佛而生喜
受持廣度生死流　佛說此人真善友

爾時世尊說此經法，天人世間有萬二千那由他億眾生，遠離塵垢，得法眼淨。二十億眾生，得阿那含果。六千八百比丘，諸漏已盡，心得解脫。四十億菩薩，於無上菩提住不退轉，以弘誓功德而自莊嚴。二十五億眾生，得不退忍。四萬億那由他百千眾生，於無上菩提未曾發意，今始初發。種諸善根，願生極樂，見阿彌陀佛，皆當往生彼如來土，各於異方次第成佛，同名妙音如來。復有十方佛刹，若現在生，及未來生，見阿彌陀佛者，各有八萬俱胝那由他人，得授記法忍，成無上菩提。彼諸有情，皆是阿彌陀佛宿願因緣，俱得往生極樂世界。

爾時三千大千世界六種震動，并現種種希有神變，放大光明，普照十方。復有諸天，於虛空中，作妙音樂，出隨喜聲。乃至色界諸天，悉皆得聞，歎未曾有。無量妙花紛紛而降。尊者阿難，彌勒菩薩，及諸菩薩、聲聞、天龍八部，一切大眾，聞佛所說，皆大歡喜，信受奉行。

통합무량수경

인쇄 2026년 01월 25일
발행 2026년 02월 05일

발행인 이극락

펴낸이 김윤희
펴낸곳 맑은소리맑은나라
디자인 김창미
출판등록 2000년 7월 10일 제 02-01-295 호
본사 부산광역시 수영구 좌수영로 125번길 14-3 올리브센터 2층
전화 051-255-0263   **팩스** 051-255-0953
이메일 puremind-ms@hanmail.net

값 18,000원
ISBN 979-11-93385-33-3(03220)